Herzliche Einladung
zu einer Stadtrundfahrt
durch das alte und neue C(K)refeld!
- Ihre Krefelder Andreas Storz und Helmuth Bayen -

◀ **1920** - Ein Fachgeschäft für Einrahmungen und Vergolderei mit angeschlossener Kunsthandlung eröffneten 1905 Max und Margarethe Steinbach in der Alte Linner Straße 32. Ihr Sohn Hans Steinbach trat 1925 in das Unternehmen ein und weitete das Tätigkeitsfeld durch Hinzunahme alter Grafiken und Gemälde aus. Als das Geschäft zu klein wurde, erwarb man das Haus Rheinstraße 38 und richtete dort eine Galerie ein. Die Werkstatt verblieb in der Alte Linner Straße. 1943 wurde das Haus Rheinstraße 38 völlig zerstört, nach Kriegsende erfolgte aber der sofortige Wiederaufbau des Hauses. Das Stammhaus Alte Linner Straße erlebte eine Teilzerstörung. 1956 trat mit Wendelin Steinbach, die dritte Generation in das Unternehmen ein.

▼ **2013** - Seit 2001, ist die gelernte Kunsthändlerin Bettina Liebsch, Inhaberin der Kunsthandlung in der Rheinstraße 34.

▲ **1908** - Nachdem die Staatsbahn in den Jahren 1904 bis 1907 die Gleise und Bahnsteige höher gelegt hatte, kam auch ein Bahnhofsneubau dazu. Die Postkartenaufnahme entstand kurze Zeit nach Fertigstellung. Bewundert wurde die Bahnsteighalle, die bei laufendem Zugverkehr aufgestellt wurde. Beginnend am Empfangsgebäude überspannte sie mit 59,60 m Weite und 102 m Länge zwei Gepäckbahn- und drei Bahnsteige. Seitliche Öffnungen mit Entlüftungen sollten für den Rauchabzug der Dampflokomotiven sorgen und Oberlichter aus 7 mm Drahtglasabdeckungen spendeten das nötige Licht. In den Jahren 1999/2000 wurde der Komplex für 14,1 Millionen Mark renoviert, nachdem die Bahnsteighalle in die Jahre gekommen war. ◀ **1971** - Zu dieser Zeit befand sich ein Postamt (Krefeld 13) im Hansahaus, welches der Verwaltung des Postamtes Krefeld 1, Ostwall 215, unterstellt war. Gegen Ende des Jahres 1970 arbeiteten 752 Mitarbeiter in den Postämten Krefelds.

▲ **1926** - Das Areal des Krefelder Hauptbahnhofs von oben: *1 - Hauptbahnhof *2 - Bahnsteighalle *3 - Bahnpostamt *4 - Fischelner Straße (ab 1930 Kölner Straße) *5 - Gladbacher Straße *6 - Gasthof zum Bahnhof *7 - Neusser Straße *8 - Hansahaus *9 - Ostwall *10 - Hansastraße

* 11 - Restaurant „Bayrischer Hof" * 12 - Peterssstraße * 13 - Hotel „Europäischer Hof" * 14 - Lewerentzstraße.

▲ **1910 -** So sah die linke und rechte Ecke Ostwall/Hansastraße (hieß von 1849 bis 1906 Kanalstraße) aus. Auf der rechte Seite steht das Hotel & Restaurant „Graf Moltke", Inhaberin ist die Wirtin und Witwe Karl Freund. Um 1925 hieß das Hotel „Königs" am Hauptbahnhof. Auf der linken Seite verkaufte Wilhelm Schmitz in seiner Zigarrenhandlung alles was Raucher zum „Qualmen" benötigten.
▼ **1954 -** Ein Kommen und Gehen am Krefelder Bahnhofsvorplatz. In der Bildmitte das Hansahaus aus dem Jahre 1915.

▲ **1954 -** Rush-hour am Ostwallende mit Blick auf den Hauptbahnhof. Reger Straßenbahn- und Fußgängerverkehr bestimmen das Bild an den Haltestellen, die sich gegenüber dem Hauptbahnhof befanden: Linie 1 (Endstation Fischeln Eichhornstraße), Linie 3 (fuhr von Hohenbudberg, Endstation Hbf.), Linie 5 (Endstation Edelstahlwerke), Linie 6 (Endstation Rheinhafen), Linie 8 (Endstation Schiefbahn), Linie 11(Endstation Westbahnhof), Linie 12 (fuhr von Moers, Endstation Hbf) und Linie 14 (Endstation M' gladbach Hbf.) ▼ **1954 -** Am 1. August 1953 wurde der Neubau an der Ecke Ostwall-Hansastraße mit dem Café Schragmann eröffnet.

▼ **Nach 1951 -** Blick vom Turm der Alten Kirche. In der Nacht vom 21. zum 22. Juni 1943 wurde die Alte Kirche von Bomben getroffen. Das Kirchenschiff und der Turm brannten komplett aus, nur das schwer beschädigte Mauerwerk blieb übrig. Am Abend des 12. April 1951 erhielt der Städtische Oberbaurat von der Feuerwehr den Hinweis, dass die nordöstliche Ecke des Turmes abgestürzt sei. Gleichzeitig bat man ihn um einen baulichen Rat. Wegen der eingetretenen Dunkelheit, die Feuerwehr hatte im Umkreis abgesperrt, blieb nur eine Verabredung zum nächsten Morgen übrig. Am nächsten Tag sah man das Ausmaß des Schadens. Der nordöstliche Eckpfeiler im Erdgeschoss war gebrochen und es bestand große Einsturzgefahr. Nachmittags gegen 13.30 Uhr stürzte der Turm in sich zusammen und die Trümmer beschädigten das Wohnhaus an der Alten Kirche Nr. 1.

◀ **2010 -** Der Turm der Alten Kirche scheint wieder einzustürzen!

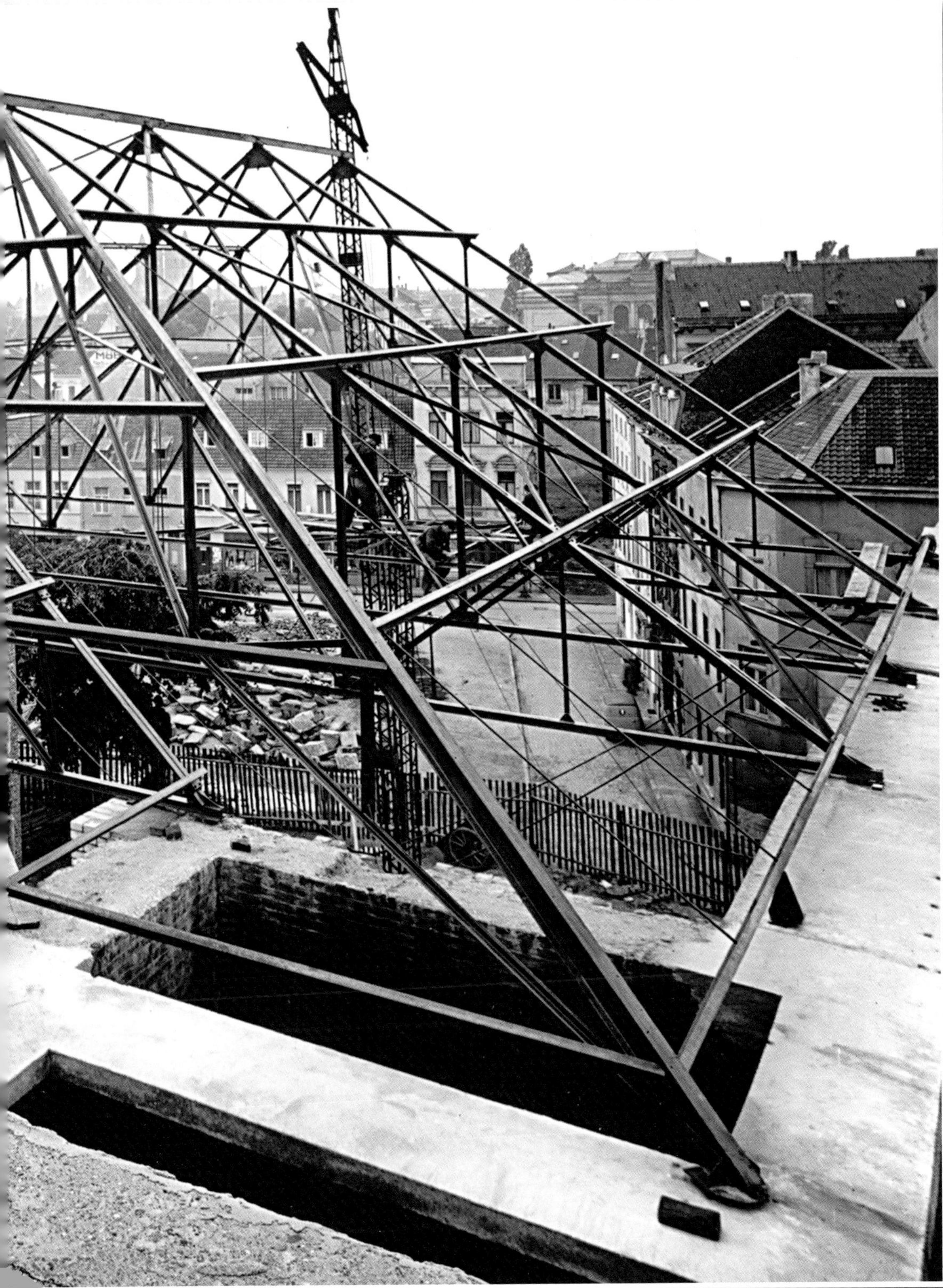

▲ **1912** - Hermann Siegers betrieb von 1895 bis 1927 in der Blumenstraße 6 ein Restaurant mit dem Namen „Hopfenblüte" und eine Fouragehandlung. (Fourage ist eine ältere militärische Bezeichnung Pferdefutter herbeizuschaffen). Die Liebe zu den Pferden war mit einem Hufeisen und einer Gerte auf dem Emailleschild an der Hauswand als Signet zu sehen. Gute Biere (Rhenania Bier), Kaffee, Wein und Branntwein ergänzten die Werbeaussage. ▼ **2013** - Derzeit finden wir in dem Haus das Ingenieurbüro für Datenverarbeitung von Dipl. Ing. Franz Lischka.

◄ 2013 - Heute wird hier ein frisches Bitburger Pils in der Gaststätte „Steineck", Blumenstraße 49, gezapft. ▼ 1927 - Das Restaurant von „Wilhelm Schmitz" in der Blumenstraße, Ecke Steinstraße.

▲ **1917** - Alt-C(K)refeld) lässt grüßen! In der Bildmitte ragt der Turm der Alten Kirche in den Himmel. Die Blumenstraße trägt ihren Namen seit dem 18. Juli 1837, machte ihrem Namen damals aber keine Ehre, denn Blumen und selbst Bäume fehlten auf der Straße.
▼ **2013** - Eine Aufnahme der heutigen Blumenstraße zur Mittagszeit. Die Einbahnstraße bietet Parkgelegenheiten auf der rechten und linken Seite vor den Häusern. Die alleeartig geplanzten Bäume verleihen der Straße ein grünes Flair.

▲ **1911** - Die Blumentalstraße vor über 100 Jahren, auf dem Stück zwischen der Moerser Straße und dem Grünen Dyk. Vor 1878 auch „Blumenthals Pfadt" genannt. 1890 wurde mit dem Ausbau der Blumental- und 1886 mit dem Ausbau der Moerser Straße begonnen. Das rechte Eckgebäude gehörte postalisch zur Moerser Straße 54. Hier zapfte Schankwirt Hermann Carls das eine oder andere Bierchen, auch Billard konnte gespielt werden. In den Jahren 1925 bis 1943 hieß der Wirt Albert Andreas.
▼ **2013** - Der gleiche Blick, doch die einstige Idylle in der Blumentalstraße ist verschwunden.

▲ **1975 -** Bereits 1910 stand Wirtefamilie Mülderings im Krefelder Adressbuch, Breiten Dyk 12 (heute Breiten Dyk 139). Anfangs hieß die Gaststätte: „Zum Geflügelhof", später kam der Name „Waldschlösschen" hinzu. Bis in die 1960er Jahre besaß man eine eigene Geflügelfarm, mit einem Bestand von 20.000 Tieren. Die knusprigen Hähnchen-Spezialitäten waren in aller Munde. 1992 fiel die Traditionsgaststätte dem Wohnungsbau zum Opfer. ▼ **2013 -** Auf dem einstigen Grundstücksjuwel am Breitendyk steht heute ein Mehrfamilienhaus. Vor dem Haus befindet sich die Haltestelle der Linie 061 „Schweersweg", in Richtung Kempener Feld.

▲ **1897** - Gruß von dem Restaurant „Rosenthal", damals Breiten Dyk 9. Besitzer Peter Kamp war von Beruf Ackerer und hatte gleichzeitig das Ausflugslokal am Rande der Stadt. Seinem Berufsstand Ackerer machte er alle Ehre, man beachte die Schreibweise von Krefeld auf der Karte: „KreFeld". Den beiden Bierkrügen auf der Ansichtskarte nach zu schließen, muss es hier süffig zugegegangen sein. Der Biergarten, mit viel Grün und altem Baumbestand sowie der Saal, tat sein übriges dazu. ▼

2013 - Heutzutage erinnert nichts mehr an die Ausflugsgaststätte aus dem vorigen Jahrhundert.

▲ **1940** - Ein Schießstand wurde auf dem Gelände der Wallenburg, im April 1940, erbaut. Auch die Polizei nutzte den Schießstand zu Trainingszwecken.

▼ **1940** - Liegend wurden verschiedene Schießübungen absolviert. Im Hintergrund zu lesen: „Dass wir gute Soldaten gewesen sind, das wird die Welt noch nicht vergessen haben. Dass wir heute noch bessere Soldaten sind das kann sie uns glauben".

▲ **1960** - Erinnerung an die „Wallenburg", als das Haus noch ein beliebtes Familienrestaurant war. Eine alte Krefelderin, die in der Nähe der Wallenburg wohnte, veröffentlichte die netten Verse in der Westdeutschen Zeitung: „Man hört es, und sieht es, Krefeld ist schön, doch hättet Ihr sollen die Wallenburg sehn! Dort wurde sonntags das Tanzbein geschwungen und Krefeld in vielen Liedern besungen. Auf dem Weiher zogen Schwäne ihre Bahn, im Winter fuhr man Schlittschuh, im Sommer Kahn. Fische gab es jede Menge dort, heute ist alles trocken, die Fische sind fort. Man tanzte im Freien, jedermann, 15 Kellner schleppten den Kaffee heran. Schwarzbrot und Weißbrot, Butter, Gelee und Milch und Zukker, alle o. k., die Kaffeeportion zu dreieinhalb Tassen, für 60 Pfennige, kaum zu fassen! Um vier war alles proppevoll. Und kippt auf dem Weiher mal ein Kahn, schnell kam Frau Wirtin mit trockenen Sachen an. Vom Spielplatz scholl frohes Kinderlachen, man wußte schon damals den Kasperl zu machen, zwei Pfennig Eintritt, wie schön, wie schön - von all dem ist heute nichts mehr zu sehen. Ließ das die Familie am Tisch es sich munden, war Vater schnell zur Theke verschwunden. Fast 50 Jahre hat der Wirt in der Wallenburg das Zepter geführt, von alten Zeiten hat er gerne gekallt, er wurde 80 Jahre alt. Erinnert Euch nur, Ihr lieben Leut, wie schön war doch die alte Zeit; doch ist es auch heute noch wunderschön, auf dem Breiten Dyk spazieren zu gehn". ▼ **2013** - Heutiger Blick aus etwa gleichem Winkel: Die „Wallenburg-Idylle" ist von Wohnhäusern abgelöst worden.

▲ **1930** - Die Gaststätte Pins in der Carl-Wilhelm-Straße 31, von 1847 bis 1930 Wilhelmstraße, war um die Jahrhundertwende ein wichtiger Treffpunkt für Fuhrleute und Boten, die von und nach Krefeld fuhren. Tagtäglich wurden verschiedene Ortschaften angesteuert: Anrath, Kapellen bei Moers, Hinsbeck, Lank, St. Tönis und Tönisberg gehörten dazu. Nachfolgende Inhaber hatte das Lokal im Laufe der Jahre zu sehen bekommen: 1895 Heinrich Pins, 1910 Heinrich Pins Wwe. Anna, geb. van den Eden und ab 1930 Willi Pins. ▼ **2013** - Im Jahre 1982 eröffnete Alfonso Visiello, das heute immer noch unter gleichem Namen laufende italienische Restaurant, „La Romantica".

▲ **1915** - Eine Aufnahme aus dem historischen Bismarckviertel. Gegen Ende des 18. Jahrhunderts erbaute die Familie von der Leyen den eindrucksvollen Sommersitz Leyental im Empirestil, Cracauer Straße 32, Ecke Leyentalstraße. Zu dem Anwesen gehörten Pavillions, Teichanlagen, Alleen und Gewächshäuser. Im 19. und 20. Jahrhundert war Leyental im Besitz der Färberei Biermann, wurde 1943 bei Bombenangriffen schwer getroffen und im Jahre 1949 restauriert. In den letzten Jahren diente es verschiedenen Zwecken. ▼ **2013** - Die heutige Ansicht „Haus Leyental", von der gegenüberliegenden Seite aus fotografiert.

▲ **1905** - Die Corneliusstraße, Blick von der Lindenstraße in Richtung Südstraße, war Anfang des 20. Jahrhunderts ein beliebtes Motiv für Ansichtskarten. Prunkvolle Giebel, historisierende Fassaden und Erker auf der linken Straßenseite sowie die Katholische Volkschule 27 (heute Josefschule) auf der gegenüberliegen Seite ergeben ein schönes Straßenbild. Die Volkschule 27 wurde am 1. Dezember 1870 in dem Gebäude Lindenstraße 27 gegründet. ▼ **2013** - Über 100 Jahre später haben die Bäume eine stattliche Höhe erreicht und spenden inmitten der Corneliusstraße Schatten. Im linken Gebäude befindet sich die „Bürgerinitiative Rund um St. Josef", Corneliusstraße 43.

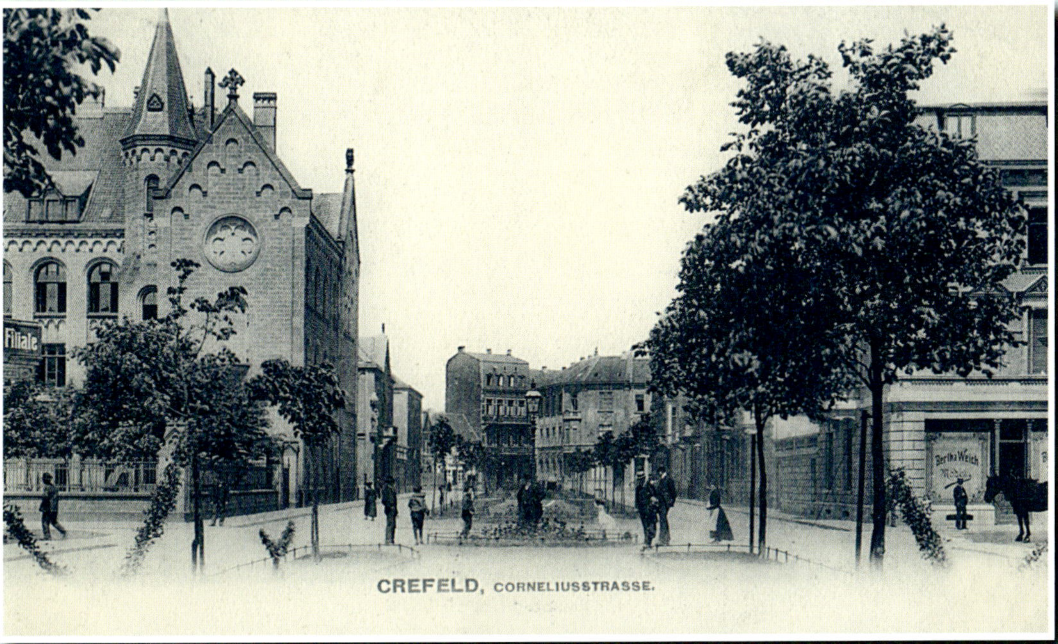

▲ **1903** - Die Corneliusstraße trägt ihren Straßennamen seit dem 25. Mai 1889 und bereits fünf Jahre später erlebte die Straße ein Highlight: Am 4. November 1895 wurde das neue Schulgebäude (links im Bild) kirchlich eingeweiht und eröffnet. Die Katholischen Volksschulen 27 und 34 zogen in das neue Schulgebäude ein.

► **2013** - Die Ruhe vor dem Sturm! Gleich ist Schulschluss, die Kinder stürmen aus den Klassen und werden von den Eltern abgeholt.

▲ **1910** - Ausflugs- und Sommerlokal „Tannenthal" am Dahler Dyk, auch „Dännendahl" genannt, war Mitte des 19. Jahrhunderts bevorzugter Treffpunkt der vornehmen Krefelder Welt. Per Zweispanner mit eigenem Kutscher erreichte man den ruhigen Landsitz, wo es sehr vornehm und steif zu ging. Wie bei den meisten Sommerlokalen gehörte ein Weiher zum Garten und ein angekettetes Äffchen soll zur Belustigung der Gäste beigetragen haben. Eines Tages wurde aber die Gesellschaft „Verein" am Ostwall gegründet und von da an sank der Umsatz von Dännendahl. ▼ **2013** - Heute erinnert nichts mehr an das ehemalige Ausflugslokal.

Sommergesellschaft
auf dem Tannenthal.
Samstag den 15. September 1866, Abends 7 Uhr,
Bal paré.
Die Liste zum **Souper** liegt auf dem Tannenthal zur gefl. Einzeichnung auf und wird Donnerstag Abend geschlossen.
Zu zahlreicher Betheiligung ladet freundlichst ein
Der Vorstand.

▲ **1905** - Eine angesagte Adresse an der Ecke Dießemer-/Oppumer Straße: Zigarren-, Galanteriewaren (veraltet für Schmuckwaren)- und Lotterielosehändler Jean van Loo hatte hier sein Geschäft. Den sieben großen Schaufenstern und der Werbung nach zu urteilen war der Laden pickepackevoll und ein spezielles Angebot wartete auf den Kunden: „Cigarren, Pfeifen und Stöcke". ▼ **2013** - Heute verkauft die Firma „Autoteile Best" in dem Eckgebäude, Autoteile und Zubehör, für ihr Auto.

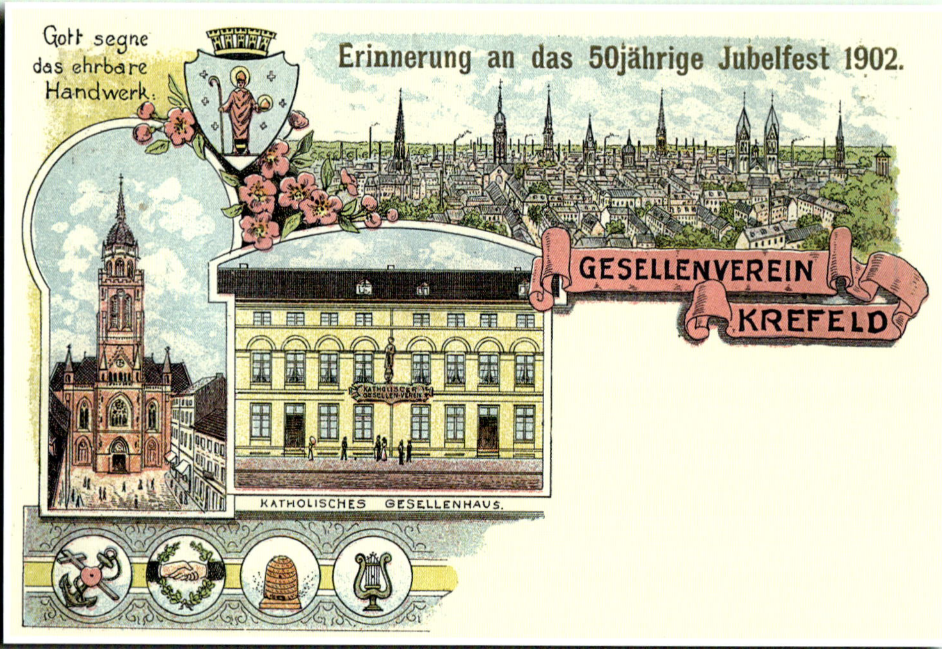

▲ **1902** - Die Ansichtskarte erinnert an das 50jährige Jubelfest des Katholischen Gesellenverein Krefeld, Dionysiusstraße 16-20. Im Jahre 1852 rief Gesellenvater Adolf Kolping den Katholischen Gesellenverein ins Leben. Der Verein erwarb 1893 das Haus in der Dionysiusstraße, modernisierte dieses und ermöglichte so anschließend 87 Jugendlichen eine Stätte zum Wohnen, zur Weiterbildung und zu Freizeitaktivitäten. ▼ **2013** - Das heutige Jugendwohnheim Kolpinghaus ist von der Zeitschrift der Kolpingjugend als Deutschlands tollstes Wohnheim ausgezeichnet worden. Herzlichen Glückwunsch!

◄ **1910** - Das Foto vermittelt einen Eindruck wie ruhig es vor 100 Jahren in der Dionysiusstraße zuging. Bis auf die Gaststätte von Karl Bangert, Dionysiusstraße 10 sowie die Ortskrankenkasse der Appreteure, Kassenlokal: Dionysiusstraße 5, war die Geschäftswelt nicht vertreten. Heute sieht es ganz anders aus: Fotostudio Christian Kaufels, Der andere Buchladen, ein Gästehaus und der Frisör „difference" sind eine Bereicherung für die Straße.

▼ **2013** - Das Äußere der Dionysiuskirche ist aufgefrischt wurden und zeigt sich heute von ihrer besten Seite.

▲ **1908** - Das dreigeschossige Haus in der Dreikönigenstraße 163 wurde 1904 von dem Architekten Karl Buschhüter erbaut. An der Ecke treffen drei Straßen zusammen: Die Stein-, Dreikönigen- und Lindenstraße. Das Haus hatte folgende Mieter zu dieser Zeit: Heinrich Girkes Seidenwarenhändler, Christian Hochgreff Oberpostsekretär, Heinrich Krieger Dachdeckergeselle, Karl von Menen Seidenwarenhändler sowie das „Postamt V" in den unteren Geschäftsräumen. Zur ehemaligen Postzweigstelle gehörte eine Schalterhalle, ein Annahmeraum sowie ein Packraum.

▼ **2011** - Strahlend blauer Himmel am „Dreistraßen-Eck"!

◄ **1920** - Blick vom Hardenbergplatz auf das Eckgebäude Florastraße 32. Leonard Greferath hatte die Gaststätte 1903 gegründet. Einfach göttlich hat sich manch einer gedacht: Schankwirt Matthias Greferath hatte hier seine Restauration mit dem angrenzenden „Apollosaal" in der Freiligrathstraße, der bis zu 500 Personen fassen konnte. 1943 brannte der Saal vollständig aus. Mitte der 1950er Jahre hatte die Gaststätte etwas besonderes vorzuweisen: „Jeden Tag Fernsehen" las man in den Anzeigen. Eine gutbürgerliche Küche und die passenden Getränke beim Fernsehen schauen, durften natürlich nicht fehlen.

► **2013** - Heute heißt die Gaststätte „Zur Feuerwache" und der Durst wird in der Florastraße garantiert immer gelöscht.

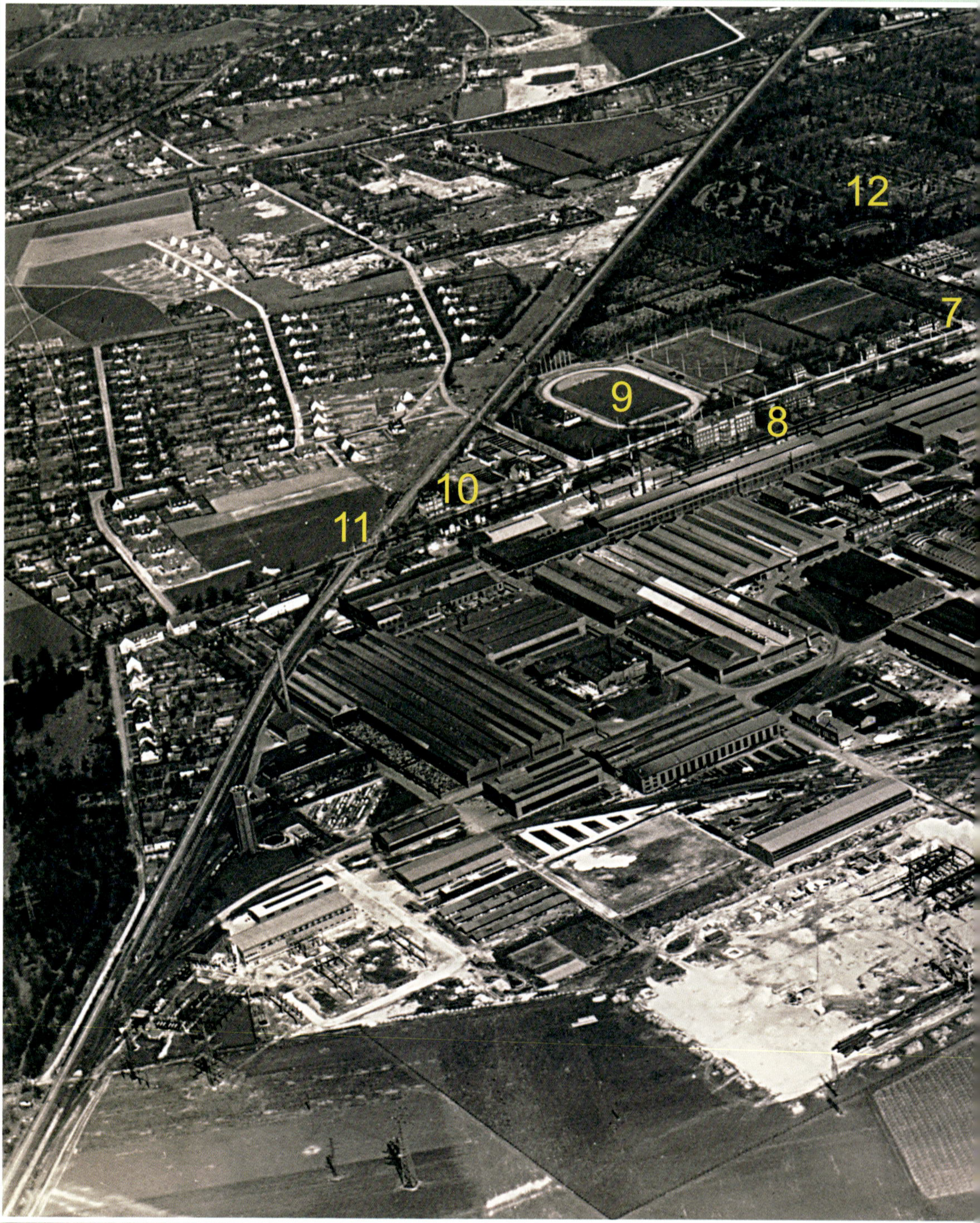

▲ 1956 - Über den Wolken muss die Aussicht wohl grenzenlos sein: *1 - Kimplerstraße *2 - Oberschlesienstraße *3 - Vulkanstraße *4 - Wehrhahnweg *5 - Gladbacher Straße Wasserturm *6 - Gladbacher Straße *7 - Hotel „Behringshof" *8 - Hauptverwaltung der Edelstahlwerke

*9 - Edelstahl Kampfbahn *10 - Gaststätte „Stahldorf" *11 - Bahnübergang Stahldorf *12 - Friedhof

▶ **1965** - Eines der Wahrzeichen Krefelds war der Wasserturm an der Gladbacher Straße. Der 37 m hohe Turm überragte nicht nur die Gebäude in der unmittelbaren Nachbarschaft.

▶ **2013** - Über 50 Jahre später ist der Blick geblieben, doch die einstige Wasserturm-Idylle ist verschwunden.

► **1963** - Die Postkarte zeigt das Hotel-Restaurant „Beringshof", der erstmals im Jahre 1758 in der Chronik erwähnt wird. Schon damals war der Hof bei Fuhrleuten ein Begriff, lag doch die alte Landwehrdurchfahrt nebenan. Bis 1850 kehrten die Reisenden ein, um sich an dem selbst gebrauten Bier eines englischen Braumeisters zu erfrischen, das aus Stengelgläsern getrunken wurde.

◄ **1963** - Den völlig umgebauten „Behringshof" als Hotel-Restaurant übernahm 1939 die Gastronomin Hedwig Baues und leitete die Gaststätte 25 Jahre lang. Ab 1965 hatte das renommierte Haus gegenüber den Edelstahlwerken ein neues Pächter-Ehepaar: Jan und Anneliese Dissevelt. Erfolg wünschte im Namen der Edelstahlwerke Direktor Spethmann, das den Beringshof als Gästehaus nutzte.

► **2013** - Heute beherbergt er das Evangeliums-Haus, Christengemeinde Krefeld e. V., Gladbacher Straße 547 - Ecke Behringshof.

▲ **1965** - Die Ansichtskarte zeigt die Gaststätte „Stahlhof", Gladbacher Straße 621, gegenüber den „Deutschen Edelstahlwerken" gelegen. Folgende Werbebotschaft konnte man der Rückseite der Karte entnehmen: Fernfahrer-Raststätte, Fremdenzimmer, Gartenterrasse, erstklassige Küche sowie gepflegte Biere der Hannen-Brauerei, Besitzer Oskar Claus.

▼ **1976** - Bahnhof Stahldorf, Gladbacher Straße. Die Haltestelle oder der Haltepunkt diente dem Personen-, Gepäck- oder Expressgutverkehr.

Schutz Marke

KREFELDER STAHLWERK

ACTIEN-GESELLSCHAFT

Special-Stähle

A. für Werkzeuge, Automobil- u. Schiffbau

TELEGR-ADR: WERKZEUGSTAHL – WESTERN UNION CODE

FERNSPRECHER Nº 602, 603, 604, 605 u. 606

GESCHÄFTSSTELLEN U. LÄGER:

BERLIN, FRANKFURT a. M., LEIPZIG, REMSCHEID, BARCELONA, RIGA, PARIS, BRÜSSEL, ST. PETERSBURG, TURIN, WIEN, ZÜRICH, NEW-YORK.

HAMMERWERKE

für Stabstahl u. Façonstücke

STAHLWALZWERK u. PRÄZISIONSZIEHEREI

ROHRPRESSWERK, GESENKSCHMIEDE

Mechanische Werkstätten

zur Herstellung von schweren Constructionsteilen.

Federn - Fabrik

MAGNETWERK

Reichsbank Giro-Conto Krefeld.

KREFELD, den 30. April 1913.

Werk u. Bureaux a. d. Staatsbahnpersonenhaltestelle Krefeld Stahlwerk

Titl. Herkules, Automobil & Maschinenfabrik,

A.G. vorm. C.Weber - Landolt,

Menziken / Aargau,

RECHNUNG

Nr. Schw. 70.

Zahlung hat bis zum 15. des der Lieferung folgenden Monats zu erfolgen, entweder in bar unter Abzug von 1½% Skonto oder in Bankrimessen von 3 Monaten Laufzeit ab Rechnungsdatum netto. Wechsel auf Nebenplätze werden nur ohne jede Verbindlichkeit in Zahlung genommen unter Berechnung der Einzugskosten. Ausstellungen werden nur innerhalb 14 Tagen nach Empfang der Ware berücksichtigt. Verpackung wird selbstkostend berechnet, aber nicht zurückgenommen.

Kr. St.		Kilo	Preis	~~Mark~~	~~Pfg.~~
Asl. 4297.	Wir sandten Ihnen für Ihre werte Rechnung und Gefahr				
	per Post fr. Best. v. 27/2.13.				
	Nº. 585.				
	Schnellarbeitsstahl Goliath Extra, geglüht, für Stahlhalter,				
	ca. 2 mtr. 12 × 4 m/m	1,0	7,50	7	50
	Aufpreis		0,875.	0	90
	Porto			1	00
			Frs.	9	40

Beträge unter Frs. 20.- sind ohne Sconto- u. Porto-Abzug zu regulieren.

Fabrikat

Durch Filiale Zürich.

▲ **1913 -** Es qualmt aus allen Schornsteinen auf der historischen Rechnung: „Krefelder Stahlwerk, Actien-Gesellschaft. Special-Stähle für Werkzeuge, Automobil- und Schiffbau". Die Bereiche waren vielseitig: „Hammerwerke für Stabstahl und Faconstücke, Stahlwalzwerk, Gesenkschmiede, Mechanische Werkstätte zur Herstellung von schweren Constructionsteilen, Federn-Fabrik und Magnetwerk".

▲ **1910** - Stahlwerkgeschichte: 1900 Gründung der Krefelder Stahlwerke AG • 1927 Gründung der Deutsche Edelstahlwerke AG • 1975 Verschmelzung zur Thyssen Edelstahlwerke AG • 1992 Fusion der TEW AG zur Thyssen Stahl AG • 1994 Ausgliederung der TEW AG zur Thyssen Stahl AG • 2007 Deutsche Edelstahlwerke GmbH, Oberschlesienstraße 16.

▼ **2013** - Ehemalige Hauptverwaltung der Deutschen Edel stahlwerke AG.

◄ **1910** - Die „Fahrradfabrik Rhenania Carl Mensen & Cie., G. m. b. H." hatte ihren Firmensitz am Grünen Dyk 70. Verschiedene Modelle wurden in der Fabrik hergestellt: feinste Luxusmodelle aber auch preiswerte Fahrräder gehörten zu der Produktionspalette. 1910 gab es die erste „Crefelder Radfahrschule" in der Hochstraße 48. Heinrich Joesten erteilte Unterricht im Radfahren und die Damen unterrichtete eine Lehrerin. In den Jahren 1917/18 gab es ein Radfahrverbot und Gummibeschlagnahme legten die Nationale Fahrradherstellung lahm. 1925 betrug die Herstellungszeit eines Fahrrades 9,75 Stunden.

▼ **1922** - Dem Fotografen Johann Hegger, Marktstraße 57, haben wir diese Momentaufnahme zu verdanken. Der „Krefelder-Fahrrad-Verein" bei einer Veranstaltung auf dem Ostwall. Der Verein traf sich regelmäßig im Lokal von Johann Jordan, Evertsstraße 1. Zwölf Radfahrvereine existierten zur damaligen Zeit in Krefeld, mit ganz individuellen Vereinsnamen: Vorwärts, Schwalbe, Rhenania, Ausdauer, Eintracht und Krefelder-Radtouristen.

▲ **1916** - Blick in die Gutenbergstraße vor 100 Jahren. Der Straßenname existiert seit dem 29. Mai 1908, benannt nach Johannes Gutenberg, Erfinder des Buchdrucks. Die Gutenbergstraße verlief damals wie heute von der Marktstraße bis zum Gutenbergplatz, der noch unbebaut war. An der Ecke St. Töniser Straße hatte Johann Plantzen einen Kolonialwarenladen.

▲ **1939** - Der Hammerschmidtplatz ist benannt nach dem Oberbürgermeister der Stadt Krefeld, Dr. Wilhelm Hammerschmidt, der von 1903 bis 1905, dieses Amt inne hatte. Seit dem 13. Januar 1927 trägt dieser Platz diese Bezeichnung. In den 1930er Jahren war der Hammerschmidtplatz mit der Straßenbahn-Linie 5 (Frankenring-Ostwall-Dießem) und Linie 6 (Friedrichsplatz-Ostwall-Oppum-Linn-Rheinhafen-Rheinholdhütte) zu erreichen. Mit der Linie 5 ging es morgens um 6.01 Uhr am Frankenring los. ▼ **2013** - Es grünt so grün am Hammerschmidtplatz, der als Einbahnstraße befahren wird.

◀ **1912** - Die Seifenfabrik Th. Coelen wurde 1877 gegründet und hatte ihre Produktionsstätte in der Heideckstraße 124 (Von 1902 bis 1932 wurde der Straßenname mit „a" geschrieben). Die antiseptische Tierseife „Haidy" muss wohl für Hundebesitzer zur damaligen Zeit ein Begriff gewesen sein, denn sie war unentbehrlich für das gesunde und kranke Tier.

▼ **1912** - Straßenbahnpersonal vor einer 1904 von der Eisenbahnwagen- und Maschinenfabrik „van der Zypen & Charlie" in Köln-Deutz gebauten Straßenbahn. Auffällig waren die Dachfrontscheinwerfer und die für Krefeld typischen Bogenfenster. Das Straßenbahn-Liniennetz der Strecke V hatte ab dem 15. April 1904 folgende Haltestellen: Fischeln/Südschule • Königshof • Bahnhof-Südseite Kölner Straße/Saumstraße • Augustaplatz • Heideck/Wasserturm • Heideck/Behringshof.

▲ **1910 -** Es qualmt in der Stadtmitte! Schornsteine sowie die Turmspitzen der Josefskirche bestimmen das Bild am Horizont. In der Bildmitte steht das mächtige Hotelgebäude „Europäischer Hof" und gegenüber an der Ecke Petersstraße, das doch eher verschwindend schmale Hotel „Bayrischer Hof". ▼ **2013 -** Die offizielle Eröffnung der neuen Sparkassen-Zweigstelle, Hansastraße 103, fand am 5. Dezember 1973 statt. Heute befindet sich in der 3. und 4. Etage der Sparkasse das Hotel „Bayrischer Hof", Inhaber: Annelore Reitz und Tochter Daniela Lehmann. Auf der anderen Seite ist die Seniorenresidenz „Kursana", im Gebäudekomplex Hansastraße 115, integriert.

◀ **1920** - Zu dieser Zeit hieß die Hansastraße noch Kanalstraße. In Anlehnung an das gegenüberliegende Hotel „Europäischer Hof", mit dem angeschlossenem Restaurant „Im Löwenbräu", kam sehr wahrscheinlich die Namensgebung des Hotel-Restaurants „Bayrischer Hof" zustande. Bierbrauer und Wirt Ludwig Goebels war Betreiber des gastronomischen Eckgebäudes und so ernstzunehmender Wettbewerber. Im gleichen Haus wohnten auch seine Mitarbeiter: Büffettier Wilhelm Herrmann und Kellner Konrad Scherren. Zehn Jahre später vollzog sich ein Inhaberwechsel und Josef Stratmann hielt das Zepter in der Hand.

▼ **1971** - Zwischen 1962 und 1971 wurden von der Stadtsparkasse Krefeld an der Ecke Hansa- und Petersstraße mehrere Grundstücke erworben. Den Beschluss zur Errichtung eines eigenen Gebäudes fasste die Sparkasse im Januar 1969. Anfang 1971 wurden die ersten bestehenden Altbauten abgerissen, so dass einem Neubau nichts mehr im Wege stand.

▲ **Um 1940** - Geschäftiges Treiben zur Mittagszeit in der Hochstraße. Passanten schlendern gemütlich an dem Geschäft von Edmund und Berta Seidel, Hochstraße 123-131, vorbei. Spielwaren, Kinderwagen, Glas und Porzellan sowie Geschenke warteten auf 2.300 qm Verkaufsfläche, gekauft zu werden. Weitere Geschäfte in der Nachbarschaft: Modehaus Wagener, Friedrichstraße 1 • Städtische Markthalle, Friedrichstraße 3-7 • Kaffee-Restaurant Kaiser-Haus, Friedrichstraße 2 und Schuhhaus Grüterich, Rheinstraße 126. ▼ **2013** - Heute ist die Geschäftswelt vor Ort noch bunter geworden, u. a. mit den Geschäften und Marken: Douglas, Bonita, Kult, Anson's, C & A und Deichmann.

▲ 2002 - Noch hängt die mächtige Außenwerbung der Buchhandlung von Carl Uhrig, Hochstraße 86, der bereits 1930 hier Bücher verkaufte. Im Mai 1981 übernahm Frau Schweren-Wolters die Buchhandlung und führte diese bis September 2002 fort. ▼ 2010 - Licht lockt Leute und gerade in den Abendstunden lohnt sich ein Blick in die hell erleuchteten Schaufenster. Im Hintergrund strahlt die Außenwerbung von Buch Habel, die von 2003 bis zum Frühjahr 2013 in der Hochstraße ansässig war. Rechts im Bild: Zu den traditionsreichsten und bekanntesten Firmen Krefelds gehört das Juweliergeschäft Kammen, das 1887 von Goldschmiedemeister Franz Kammen eröffnet wurde.

◄ **1913** - Die Hochstraße an der Einmündung links zur Quartelnstraße. An der Ecke das Kaufhaus Hirsch & Co., Hochstraße 68. Der Rundbau im Hintergrund mit der Kuppel ist das Hotel „Zum Wilden Mann". 1640 wurde die Gaststätte gegründet, 1892 abgerissen und drei Jahre später durch einen Neubau ersetzt. Bis 1914 befuhr die Straßenbahn die schmale Hochstraße.

► **2013** - Auch nach über 100 Jahren leben die vielen Geschäfte auf der Hochstraße von ihren Stamm-, Lauf- und Neukunden. Die Gerry Weber Shop Filiale, Hochstraße 68-80, finden wir heute in dem früheren Kaufhaus Hirsch.

▲ **1909** - Die Hochstraße präsentierte sich mit vielen alteingesessenen Geschäften. Auf der linken Seite die Buch- und Kunsthandlung von Fritz Plaeschke sowie rechts daneben das Modehaus Dannenbaum, laut Anzeigen das größte Modewaren-Etablissement der Rheinprovinz. In dem Haus im Hintergrund verkaufte das Geschäft Wittgensteiner, Seidenwaren und Besatzartikel. Rechts daneben steht das Hotel „Zum Wilden Mann" und davor in dem kleinen Eckbau, die Eisenwarenhandlung von Christian Passarin. Der auffällige weiße Zylinder ist ein markanter Hinweis auf die Hut-, Mützen- und Pelzwarenhandlung von Peter Mylius. ▼ **2010** - Noch ist Buch Habel in der Hochstraße existent.

▲ **2002** - Die Buchhandlung Greven war seit 1858 im Familienbesitz. Eine Kunsthandlung, Schreibwaren und Einrahmungen gehörten zu den früheren Dienstleistungen. Am 26. September 2002 zog die Buchhandlung Greven um und war dann unter dem Namen „Thalia Bücher" in der Hochstraße 90-92 zu finden.

▼ **2013** - Aus einer alteingessenen Buchhandlung in Krefeld, wurde ein „New Yorker".

▲ **1930** - Im Mai 1900 eröffnete Konditormeister Hermann Wilms auf der Rheinstraße eine Konditorei mit einem Café. Kaffeetrinken und Kuchenessen war zu dieser Zeit ein recht exclusives Vergnügen. Kein Wunder also, wenn nach zwei Umzügen, 1903 in die Hochstraße 44 und 1908 in die Hochstraße 56, das Café auf das Modernste eingerichtet wurde. Wenn die Damen ihrer Lieblingsbeschäftigung, dem „Kuchen Schlemmen" nachgingen, musste es ein Café mit einer „Plüschsofa-Atmosphäre" sein und das konnte Café Wilms vorweisen. Die Konditorei war weit über die Grenzen bekannt und dafür sorgte die „1908-Erfindung" des Hermann Wilms senior, die „Grillagetorte". Im Volksmund auch „Popotorte" genannt. Diese Torte bewegte Menschen und ließ so manch alteingesessenem Damen-Kaffeekränzchen das Wasser im Mund zusammenlaufen. Nach über 60- jährigem Bestehen wurde das „Grillage-Café" Wilms für immer geschlossen.

▲ 1911 - Anzeige des „Krefelder Theaters", Königstraße 51.

▲ **1897 -** Zu den Häusern der gehobenen Klasse gehörte das Hotel-Restaurant „Stadt München", Hochstraße 41-45, das 1886 von der Familie Wilmeroth erworben wurde. Die beiden unten auf der Ansichtskarte zu sehenden Häuser wurden zusammengefasst und danach konnte das Hotel vierzig Fremdenzimmer anbieten. 1925 wurde vollständig modernisiert und dieses in der Werbung hervorgehoben: Bier-Restaurant • Wein-Restaurant • Konferenzzimmer • In allen Fremdenzimmern fließend kaltes und warmes Wasser sowie Telefon • Badezimmer und Auto-Garagen. ▼ **1906 -** Im Gartensaal des Hotels wurde 1914 die Krefelder Prinzengarde und 1936 der KEV gegründet.

◄ **1911** - Der Gasthof „Tivoli", Hochstraße 21, hatte nichts mit dem neben Kaufhaus Horten gelegenen Haus in der Rheinstraße 81 zu tun. Ernst Köppen schrieb in seinem Buch Krefeld in alten Ansichten: „Hier führte der Wirt Karl Schönges, den wir bereits im Franziskaner kennenlernten, bis 1914 das Regiment. Alte Herrschaften wissen noch, dass es in Nr. 21 für fünf Groschen einen halben Liter Tivoli, ein Schnäpschen und zwei Zigarren gab. Der Gasthof bot vorzügliche Küche und bürgerliches Logis. Die hausgeschneiderte Leuchtreklame auf dem Balkon signalisiert einen separaten Speisesaal". In der Nachbarschaft zur linken Seite verkaufte Apotheker Gustav Hattungen, Hochstraße 23, nicht nur Drogen, Chemikalien und Verbandsstoffe sondern auch „Photographische Apparate und Bedarfsartikel".

► **2013** - Aktuell finden wir an gleicher Stelle die Gastronomie „Asia Gourmet", Asiatische Köstlichkeiten mit dem Slogan: günstig, gut und schnell.

► **1931** - Bereits 1895 existierte das Hotel von Josef Bongartz auf der Hochstraße 6-10. In den 1930er Jahren war Oskar Blömer Inhaber des Hauses. Die Vorzüge des Hotels waren die verschiedenen Bäder im Haus, eine Auto-Unterkunft und die Nähe zum Bahnhof. Im Volksmund hieß das Gasthaus auch „Aapestall", und zwar deshalb, weil das Restaurant eine Reihe Nischen hatte, in die man sich zurückziehen konnte.

◄ **1922** - Schnell noch ein Foto! Blick in das Bier-Restaurant und die Weinstube. Die Tische sind weiß eingedeckt, der übergroße Abreißkalender zeigt den 19. an und die Kellner warten geschniegelt auf die ersten Gäste. Als Vereinslokal des „Crefelder Fußball Clubs Preussen 1895 e. V." trafen sich hier regelmäßig die Krefelder Fußballer.

► **2012** - In dem ehemaligen Hotel eröffnete 1951 die erste „Fontanella-Eisdiele". 1970 erhielt der Gründer Dr. phil. Attilio Fontanella auf der Hochstraße die erste Terrassengenehmigung, doch bereits zwei Jahre später wurde das Eiscafé verkauft. Schon 1961 hatte Fontanella das ehemalige Feinkostgeschäft Haubold an der Ecke Ostwall/Rheinstraße zur zweiten Eisdiele umgebaut u. eröffnet.

▲ **1949** - Im jetzigen „Diebels Fasskeller", Hülser Straße 8, wird seit 1845 Bier getrunken. Der Krefelder Norden war eine Hochburg der Bierbrauer. Alles fing mit Johann Andreas Wienges an, dem Bruder von Michael Wienges, Gründer von Gleumes in der Sternstraße 12. Ihm folgte 1856 als Bierbrauer Peter Adolf Neuhaus, 1859 Gottfried Kuhles, 1871 Peter Peschges, 1879 Heinrich Münks und 1886 Heinrich Louven, der bis in die 1950er Jahre mit seiner Familie die Gaststätte führte. Dort pausierten gerne die Fuhrleute und führten ihre Pferde an die historische Pferdetränke. Diesem Umstand verdankt die Gaststätte „Zur Tränke" ihren Namen. ▼ **2013** - Seit 1994 heißt die Gaststätte „Diebels Fasskeller", geführt von Evelyn und Leo Herwix. Ganz nach dem Motto: „Hier schmeckt das Leben", wird im Lokal oder im schönen Biergarten gegessen, getrunken und gefeiert.

▲ **1930** - Eine Außen- und Innenaufnahme der Gaststätte „Union-Klause" in der Hülser Straße 19. Hier wurde Bier der „Union-Brauerei" gezapft und das Lokal stand im Wettbewerb mit der schräg gegenüberliegenden Gaststätte „Zur Tränke". Mitte der 1960er Jahre war in den Räumen die Eis-Espresso-Bar „San Remo" sehr beliebt. Die lange Theke der Gaststätte wurde übernommen und war weiterhin Blickfang in dem neuen Lokal. ▼ **1940** - Die Feinbäckerei von Hermann Verbücheln hatte ihre Backstube und Laden in der Hülser Straße 31.

◀ 1910 - Eine Anzeige des Fabrikanten August Roelofsen, Hülser Straße 111. Die Fabrik wurde 1885 gegründet und produzierte Mineralwasser und alkoholfreie Getränke.

▶ 2013 - Diese Aufnahme spricht für sich! Nichts erinnert mehr an „Apfelsinen-Röschen".

▲ **1925** - Bereits um 1890 war in dem Eckgebäude Oranierring 3/Hülser Straße Gastronomie vertreten. Wilhelm Punessen hieß der Wirt im Lokal an der Oranienstraße. Seit 1908 lautet die Straßenbezeichnung Oranierring. Ab 1910 stand die Witwe Gerhard Hipp hinter der Theke und 15 Jahre später der Wirt Wilhelm Ricken, erkennbar am Schriftzug auf der Fassade. Die aus Hüls kommende Straßenbahn hielt am Moritzplatz, nächste Haltepunkte waren der Friedrichsplatz, Markthalle, Rheinstraße, Hauptbahnhof, Königshof, Fischeln Rathaus, Fischeln Clemensstraße und die Endstation Fischeln Südschule. ▼ **2013** - Aktuell ist Leerstand in dem Ladenlokal angesagt.

▲ **1909** - In den Jahren 1893 bis 1976 befand sich hier die „Jakobstraße". Seitdem gibt es sie nicht mehr im Krefelder Straßenverzeichnis. Heute heißt sie „Scheutenstraße", benannt nach Jakob II., Graf von Moers aus dem Haus Saarwerden. Auf der Ansichtskarte sehen wir das Stück zwischen der oben verlaufenden Marktstraße und der unten angrenzenden Dreikönigenstraße.
▼ **2013** - Die Außengastronomie des griechischen Restaurants „Taverna Pilion", Scheutenstraße 59, bietet die Möglichkeit, sich nach einem Einkaufsbummel, am Willy-Göldenbachs-Platz zu entspannen.

▲ **1902** - Blick auf das Reichsbankgebäude am Jungfernweg 38. Die Häusergruppe wurde 1852 von Gustav Molenaar erbaut und war 25 Jahre später Sitz der Reichsbank. 1906 übernahm die Städtische Sparkasse Krefeld die Räumlichkeiten und ab 1927 die Städtische Steuerkasse. Später wohnten hier Oberstleutnant von Storch, Kommandeur der 11. Husaren, sowie der erste Krefelder Polizeipräsident, Wilhelm Elfes. ▼ **2013** - Blickwinkel vom Dampfmühlenweg in Richtung Jungfernweg, wo das damalige Bankgebäude stand. Derzeit sind in dem Gebäude mit der Hausnummer 40 drei Firmen ansässig.

▲ **1899** - Blick auf den Karlsplatz, der seit 1876 diese Straßenbezeichnung trägt, benannt nach Karl Friedrich Alexander (Prinz von Preußen). 1890 fand auf dem Platz der Wochenmarkt statt, um 1893 die Fronleichnamsprozession sowie der Jahrmarkt. ▼ **1923** - Historie Museumsbau: * **1894** - Baubeginn des Museums * **1896** - Fertigstellung des Rohbaus * **1897** - Abschluss der Innenausbauarbeiten * **1897** - Das Kaiser-Wilhelm-Museum wird eröffnet * **1899** - Das Kaiserstandbild von Gustav Eberlein wird aufgestellt sowie die Skulpturengruppe von Hugo Lederer als Dachbekrönung * **1910** - Baubeginn des Erweiterungsbaus * **1912** - Fertigstellung und Eröffnung des Erweiterungsbaus * **1960** - Das Museum wird geschlossen * **1966** - Abbruch der Freitreppe * **1966** - Wiedereröffnung des Museums * **1979** - Aufstellung des Kaiserstandbildes auf der Rasenfläche an der Blumenstraße.

▲ **2010** - Das Kaiser-Wilhelm-Musem, Karlsplatz 35.
▼ **2013** - Mehr Gerüst geht nicht! 2012 wurde mit den Sanierungsmaßnahmen begonnen. Hier die einzelnen baulichen Maßnahmen im Überblick: Verlagerung der Haupttreppe • Schaffung eines zusätzlichen Ausstellungsraums • Erschließung der 4. Etage durch Dachsanierung • Verlegung der Pädagogik in einen größeren Raum im Südflügel • Vergrößerung der Garderoben und Sanitäranlagen • Wiederherstellung des ursprünglichen Charakters der Räume • Modernisierung der Brandschutztechnik • Einbau einer dezentralen Klimatisierung sowie Installation eines einheitlichen Lichtsystems.

▲ 1912 - Kaiser-Wilhelm-Musem. Treppenhalle.

▼ 1912 - Kaiser-Wilhelm-Musem. Bauernküche.

▲ 1912 - Kaiser-Wilhelm-Musem. Lesezimmer.

▼ 1912 - Kaiser-Wilhelm-Musem. Gipsabdrücke.

▲ **1942** - Das Strand-Bad Westpark Krefeld entstand aus einem Baggerloch, ausgekiest seit 1930 von den Gebrüdern Holthausen und lag an der Ludendorff Allee 110. Zwischen 1937 und 1947 hatte die heutige Kempener Allee diese Straßenbezeichnung. Die privaten Bäder, aus ehemaligen Kiesgruben hervorgegangen, wurden mit dem niederrheinischen Begriff „Kull" bezeichnet und so entstand „Holthausens Kull". Von 1934 bis 1946 nutzte der Krefelder Schwimmverein die Kull als Sommerbad.
▼ **2013** - Heute befindet sich das Gewässer „Holthausens Kull" in einer öffentlichen Grünanlage.

▲ **1965** - Kegler-Erinnerungen an die Klosterstuben. Sechs automatische Kegelbahnen sorgten in den „Klosterstuben", Klosterstraße 9, für einen reibungslosen Ablauf. Besitzer Günther Spitz kümmerte sich um die nötigen Getränke: Klosterfrau-Melissengeist? oder doch was anderes! Die ersten vollautomatischen Kegelstellmaschinen wurden 1956 in Deutschland in Betrieb genommen. Bis dahin stellten Kegeljungen die Kegel auf und rollten die Kugel zurück. In den 1970er Jahren hieß die Gaststätte „Keglerheim". ▼ **2013** - Heute wird hier nur noch geparkt.

▲ 2010 - Das Geschäft von Anna Sdirou, Kölner Straße 61, blieb bis 2010 noch stehen.

▲ 2008 - Noch stehen die Häuser 49 bis 63 an der Kölner Straße, beginnend an der Ecke Melanchthonstraße bis zum Helios Klinikum.

► 2013 - Das durch Abriss frei gewordene Eckgrundstück an der Kölner-Ecke Melanchthonstraße wartet auf eine Bebauung.

▲ **2004** - Die Häuser der Kölner Straße 33 bis 43 stehen leer und werden in Kürze abgerissen.

▲ **2013** - Heute steht an gleicher Stelle ein quadratisch, praktischer Neubau.

Klei Schorsch, Schöppe Bur, Jäcke Wellem

◀ Aus den Erinnerungen Krefelder Bürger im 19. Jahrhundert schrieb die Westdeutsche Zeitung dazu: „Ein Krefelder Original - der „Jäcke Willem" - spielte eines Tages eine viel belachte Rolle in einer Kirmesbude. Sein richtiger Name lautete Wilhelm Ispers und er galt als „gutmüdiger Idiot". In der Fabrik von Kreuels hatte er eine Beschäftigung gefunden, die keine allzu großen Anforderungen an seinen schwachen Geist stellte: er drehte das Rad in der Winderei. Seine Lieblingsbeschäftigungen bestanden im „Mörmeln" mit den Kindern auf der Straße und im Zigarettenrauchen (Zigaretten kannte man ja damals in Krefeld noch kaum). Bei seiner idiotischen Gutmütigkeit verfügte er jedoch über große Körperkräfte. Um 1880 trat in einer Kirmesbude in Krefeld eine bärenstarke Negerin als „Preisringerin", sozusagen ein weiblicher Vorläufer unser heutigen Catcher, auf. Der Budenbesitzer forderte die Krefelder öffentlich zum Wettkampf mit ihr. „Willem" wurde von einigen Spaßvögeln beschwatzt, sich zu melden, bekam auch ein Trikot und durfte vor Beginn der Vorstellung mit diesem angetan vor der Bude auf und ab spazieren und seine muskulösen Arme zeigen. Schnell sprach sich dies herum, war er doch als Original stadtbekannt! Kein Wunder, dass die Vorstellung im Nu ausverkauft war. „Willem" war vorher etwas „trainiert" worden, verteidigte er doch sozusagen die Ehre der Stadt gegen den schwarzen Kontinent. Die Negerin, ihrer Sache sicher, ließ dann auch am Anfang, um dem Publikum die Spannung nicht zu rauben, zu, dass der starke „Willem" sie in den Schwitzkasten nahm. Doch bald drehte sie den Spieß um und die Anhänger „Willems" merkten, dass ihr Favorit im Begriff war, das Spiel zu verlieren. Da rief plötzlich einer aus der vordersten Reihe den atemlos Zuschauenden das erlösende Wort zu: „Willem,krieg se in de Woll!" Der ließ sich das nicht zweimal sagen, griff mit beiden Händen in den Haarschmuck der schwarzen Schönheit, die auf solch einen unerwarteten „Griff" nicht vorbereitet war! Willem zerrte die Ärmste wild über die Bühne und konnte nur mit Mühe von der laut Schreienden getrennt werden. Zwei Büschel ausgerissener Haare waren seine Siegestrophäe und die Negerin soll nie mehr sich in einen Ringkampf mit einem ... Idioten eingelassen haben.

◄ **1912** - Die Leyentalstraße trägt ihren Namen seit 1890. Mitte des 18. Jahrhunderts erwarb die Familie von der Leyen in diesem Bezirk Ländereien und legte dort eigene Färbereien an.

► **2013** - Die Häuserecke Leyentalstraße-Goethestraße wurde vom gegenüberliegenden Kaiser-Friedrich-Hain aus fotografiert.

▲ **1960** - Die Lohstraße in Richtung Marktstraße. Schon damals war die Innenstadt zugeparkt. Möbel kaufen war Anfang der 1960er Jahre stark im Trend. Die „Möbel Passage" sowie der „Möbelhof" boten verschiedene Einrichtungsmöglichkeiten an.

▼ **2012** - Parkten vor 50 Jahren auf der Lohstraße links und rechts noch Autos, geht es heute wesentlich entspannter zu. Das Behnischhaus wurde in den Jahren 2001/2002 errichtet. Geplant wurde das Gebäude von den Architekten Behnisch und Partner, aus Stuttgart.

▲ **1960** - Die Lohstraße in Blickrichtung Rheinstraße. Am 10. April 1958 eröffnete in der Lohstraße 92 der Club „High Society" von Jupp Dillmann, der Vorläufer vom Jazzkeller (schwarzer Flachbau in der Bildmitte). Passend zur Jazz- und Kneipenszene, die Zigarettenwerbung „Ernte 23", gegenüber auf den übergroßen Plakatwänden, in der Hirschgasse. Darüber wirbt der Schriftzug „Hansa-Bräu" für die Gaststätte im Karl-Wilhelm-Haus, Rheinstraße 94.
▼ **2012** - Heute ist der „Jazzkeller" das gelbgestrichene Haus in der Bildmitte.

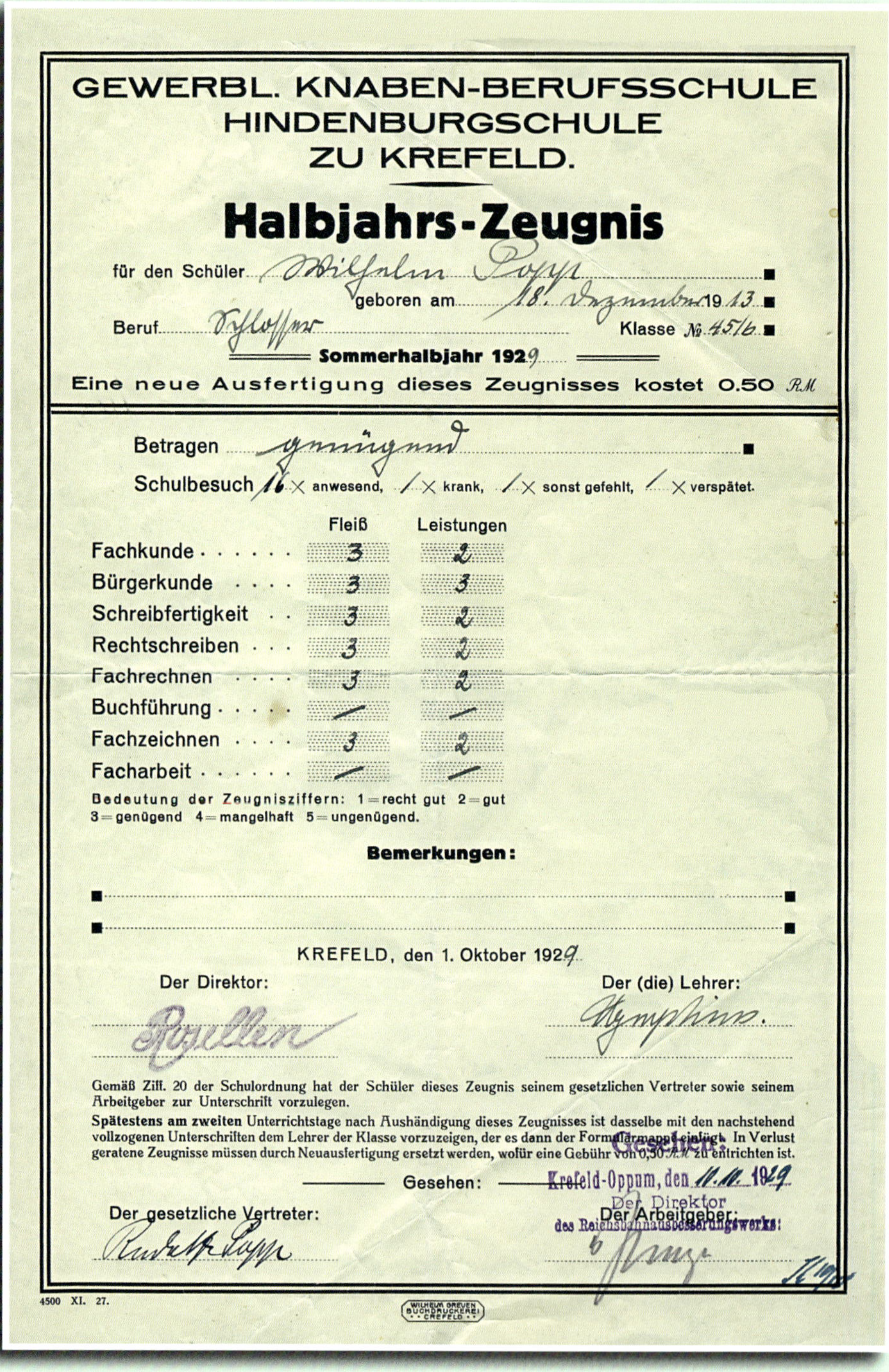

GEWERBL. KNABEN-BERUFSSCHULE
HINDENBURGSCHULE
ZU KREFELD.

Halbjahrs-Zeugnis

für den Schüler Wilhelm Popp

geboren am 18. Dezember 1913

Beruf Schlosser Klasse No. 45/6

Sommerhalbjahr 1929

Eine neue Ausfertigung dieses Zeugnisses kostet 0.50 RM

Betragen genügend

Schulbesuch 16 × anwesend, / × krank, / × sonst gefehlt, / × verspätet.

	Fleiß	Leistungen
Fachkunde	3	2
Bürgerkunde	3	3
Schreibfertigkeit	3	2
Rechtschreiben	3	2
Fachrechnen	3	2
Buchführung	—	—
Fachzeichnen	3	2
Facharbeit	—	—

Bedeutung der Zeugnisziffern: 1 = recht gut 2 = gut 3 = genügend 4 = mangelhaft 5 = ungenügend.

Bemerkungen:

KREFELD, den 1. Oktober 1929

Der Direktor: Der (die) Lehrer:

Gemäß Ziff. 20 der Schulordnung hat der Schüler dieses Zeugnis seinem gesetzlichen Vertreter sowie seinem Arbeitgeber zur Unterschrift vorzulegen.
Spätestens am zweiten Unterrichtstage nach Aushändigung dieses Zeugnisses ist dasselbe mit den nachstehend vollzogenen Unterschriften dem Lehrer der Klasse vorzuzeigen, der es dann der Formularmappe einfügt. In Verlust geratene Zeugnisse müssen durch Neuausfertigung ersetzt werden, wofür eine Gebühr von 0,50 RM zu entrichten ist.

Gesehen: Krefeld-Oppum, den 11.11.1929

Der gesetzliche Vertreter: Der Arbeitgeber: Der Direktor des Reichsbahnausbesserungswerks:

4500 XI. 27. Wilhelm Greven Buchdruckerei Krefeld

▲ **1929** - Halbjahrs-Zeugnis der „Gewerblichen Knaben-Berufsschule, Hindenburgschule zu Krefeld", Luisenstraße 110/112. Gemäß Ziffer 20 der Schulordnung musste der Schüler dieses Zeugnis seinem gesetzlichen Vertreter sowie seinem Arbeitgeber zur Unterschrift vorlegen. Die Ausbildung führte bei dem Schüler das Reichsbahnausbesserungswerk in Krefeld-Oppum durch und der Direktor unterschrieb das Zeugnis.

▲ **1901** - Gegenüber dem Rathaus, Ecke Luth. Kirch-Straße 27, Carl-Wilhelm- und Klosterstraße, qualmte mächtig der Schornstein. Bierbrauer und Wirt Wilhelm Lenssen produzierte auf dem Eckgrundstück sein eigenes Bier. In den 1920er Jahren hieß der Nachfolger: Simon Gatzweiler, Brauerei Crefeld.

▼ **2013** - Das jetzige Bild an der Ecke Carl-Wilhelm-Straße ist nach Kriegseinwirkungen mit einem wesentlich nüchternen Neubau gestaltet worden.

◄ **1910** - Eine Momentaufnahme in der Marktstraße: Belegschaft und Familie der Klempnerei und Installationsgeschäft für Gas- und Wasserleitungen von Adalbert Mechlen, Marktstraße 159, haben sich vor dem Geschäft sowie in den Fenstern versammelt und lauschen gespannt den Anweisungen des Fotografen. Nebenan in der Marktstraße 161, hatte die Katholische Volksschule Nr. 21, ihre Schulräume. Die Schule wurde 1860 gegründet und der erste Unterricht fand in der Marktstraße 111 statt.

► **2013** - Die Hausfassade hat sich im Laufe der Jahre kaum verändert.

◄ **1910** - Schon Ende des 19. Jahrhunderts wurde hier in der Marktstraße 116 gebacken. Der Bäckermeister hieß Tillmann Laufen. Etwa 15 Jahre später stand auf der auffälligen Außenwerbung am Haus ein anderer Name: Bäkkerei und Konditorei - Elektrischer Betrieb Jakob Houcken. Täglich frischer Mürbe-Kasten, die Spezialität der Bäckerei.

► **2013** - Heute ist der „Balkan Grill" in der ehemaligen Bäckerei vertreten. Im linken Haus daneben verkauft das Fischgeschäft „SEA FOOD & HOLLAND" frischen Fisch.

▲ **1900 -** In der Marktstraße 62, an der Ecke zum Westwall, lag die Restauration von Wilhelm Zielenbach. Der Kartenschreiber verschickte Kartengrüße aus dem „Variété". Sehr wahrscheinlich haben hier um die Jahrhundertwende wechselnde Programme im Theater oder im „Salon" stattgefunden. 1910 führte Wilhelm Braun das Haus und in den 1930er Jahren bis Mitte der 1950er Jahre, Familie Pollmann, die Gastronomie „Krefelder Spezial-Fischbratküche". ▼ **2013 -** Das Gebäude wurde abgerissen und das Grundstück nicht wieder bebaut. Die Geschäfte in der rechten Nachbarschaft: ein Kiosk, die Firma von Ingo Weimer (Briefmarken, Münzen und Zubehör), Marktstraße 64 sowie das Schuhhaus Kleinewefers, die auch Schuhreparaturen ausführen.

◀ **1925** - Namenspate für die Schenkwirtschaft „zu den 3 Glokken", Marktstraße 37, war sehrwahrscheinlich die Alte Kirche in der Nachbarschaft. Die mittlere, der drei aufgemalten Glocken auf der Hauswand, trägt die Aufschrift „1688". Wirt und Spirituosenvertreter August Pesch zapfte im Lokal „Deutsch-Pilsener", produziert in der Brauerei J. Schmitz, Willich. Neben dem Eingang warb ein Emaille-Schild an der Hauswand: „Raum für Fahrräder". Im mittleren Fenster stand eine Auswahl verschiedener Spirituosen, die in der Wirtschaft verkauft wurden. Bis zum zweiten Weltkrieg blieb die Gaststätte in familärer Hand. Zuletzt führte die Witwe Pesch das Lokal.

▶ **2013** - Früher existierten auf der Straße zwei gastronomische Betriebe: Links der Brauerei Ausschank „Et Bröckske" und rechts die Wirtschaft „Pesch". Nach dem Kneipenbesuch wird so mancher Gast mit einer „Fahne" nach Hause gegangen sein. Heute hängen lediglich bunte Fahnen vor den ehemaligen Lokalen, die für die alljährliche Straßenmodenschau werben.

▲ **1908** - Die Ansichtskarte zeigt die Moerser Straße auf dem Abschnitt zwischen dem Breiten Dyk und der Humboldtstraße. Seit Januar 1876 besteht der Straßenname „Moerser Straße". Die bekanntesten Häuser auf diesem Teilstück waren zum einen, das um 1900 erbaute Wohnhaus August Girmes, Moerser Straße 140 und zum anderem, das um 1913 erbaute Wohnhaus Walter Hermes, Moerser Straße 136. Beide Häuser existieren heute nicht mehr.

▼ **2013** - Blauer Himmel lockt Fotografen! Frühlingserwachen an der Moerser Straße und schnell auf den Auslöser gedrückt, bevor die Bäume ihre neuen Blätter tragen. Da kann man sehen was Farbe bewirkt! Das mittlere Haus wurde zum „Eyecatcher" dieser Häuserreihe.

▲ **1916** - Das von dem Krefelder Architekten Prof. August Biebricher entworfene Schulgebäude sowie die Platzanlage entstand 1915 am Moltkeplatz. In der großen Teichanlage erkennt man ein Spiegelbild des 133 Meter breiten Gesamtbaus. Die Schule wurde als Stiftung des Kaufmanns Adam Scheuten im Jahre 1819 in einem Haus der Königstraße eröffnet. Danach bezog sie Neubauten in der Rheinstraße und am Luisenplatz. Anno 1860 übernahm die Stadt Krefeld die Schule. Sie wurde zur Realschule und schließlich 1882 zum Realgymnysium erhoben.

▼ **2012** - Heute präsentiert sich das Moltke-Gymnasium ohne „Freischwimmer-Becken"!

▲ **1899** - Das 19. Jahrhundert lässt grüßen! Gruß aus Krefeld von der beliebten Restauration und Sommerwirtschaft zum „Alten Fritz" am Nauenweg. Die Attraktion im damaligen Biergarten: auf einem hohen Postament stand ein Standbild des Preußenkönigs, der auf die vielen Ausflügler herabblickte. Etliche Ausflugsgaststätten lagen damals in der Nachbarschaft beisammen: u. a. der Nauenhof an der Gutenbergstraße, die Gaststätte Baumeister am Nauenweg, die Centralhalle in der Marktstraße sowie die Restaurationen Johann Schmitz und Johann Ficker in der Martinstraße.

▼ **2012** - Heute befindet sich an dieser Stelle das „Original Idar-Obersteiner Spießbratenhaus", Nauenweg 144.

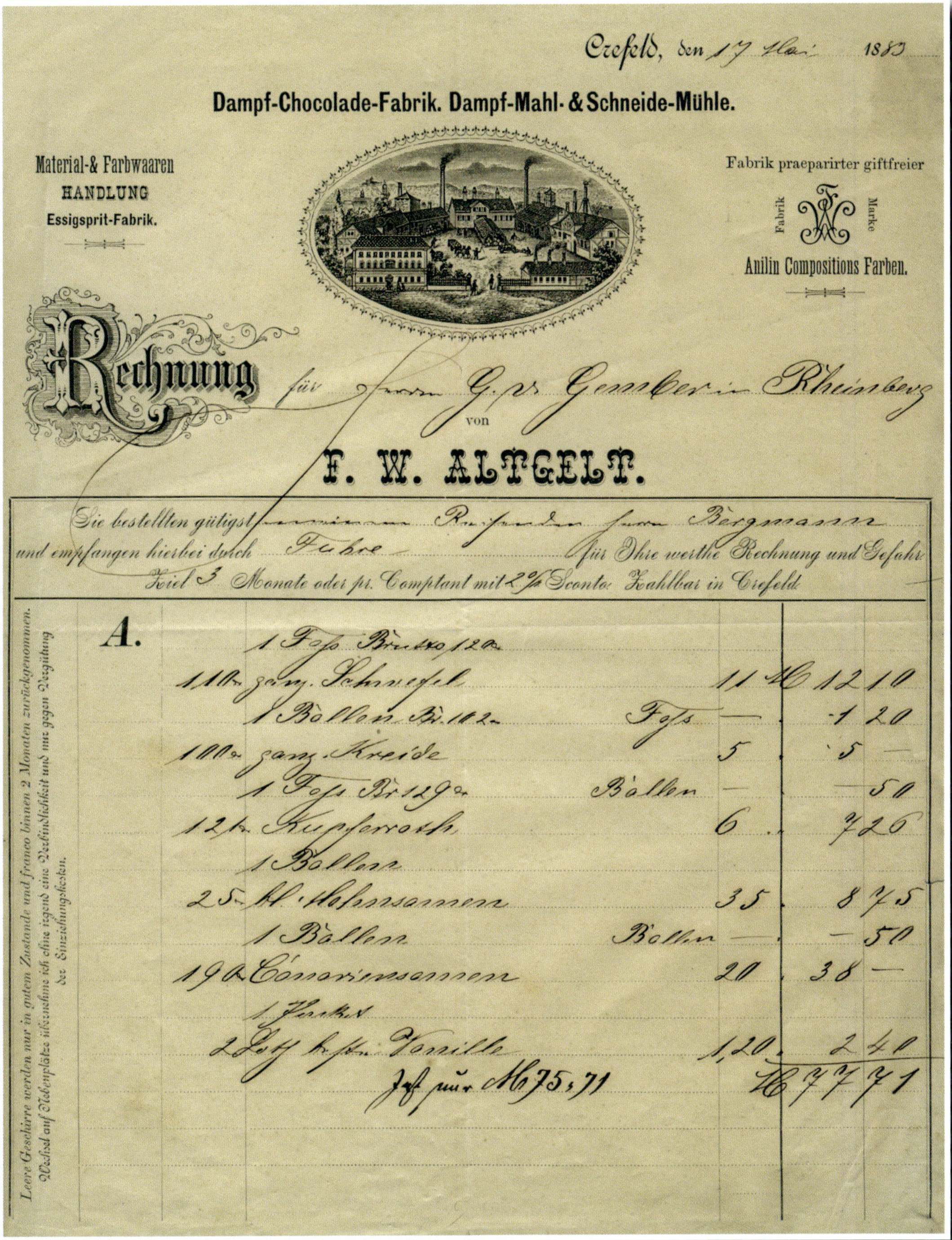
Crefeld, den 17 Mai 1889

Dampf-Chocolade-Fabrik. Dampf-Mahl- & Schneide-Mühle.

Material-& Farbwaaren HANDLUNG Essigsprit-Fabrik.

Fabrik praeparirter giftfreier Anilin Compositions Farben.

Fabrik Marke

Rechnung für Herrn G. ... Gember in Rheinberg

von

F. W. ALTGELT.

Sie bestellten gütigst ... Bergmann und empfangen hierbei durch Fuhre für Ihre werthe Rechnung und Gefahr

Ziel 3 Monate oder pr. Comptant mit 2% Sconto. Zahlbar in Crefeld.

A.

Leere Geschirre werden nur in gutem Zustande und franco binnen 2 Monaten zurückgenommen.

Wechsel auf Nebenplätze übernehme ich ohne irgend eine Verbindlichkeit und nur gegen Vergütung der Einziehungskosten.

▲ **1889 -** Historische Rechnung der Firma F. W. Altgelt, Nauenweg 16. Eine Niederlassung gab es in der Evertsstraße 33. Was für eine Branchenzusammenstellung und dieses alles auf einem Grundstück: Dampf-Chocolade-Fabrik, Dampf-Mahl-Schneide-Mühle, Essigsprit-Fabrik und eine Fabrik für praeparirter giftfreier Anilin Compositions Farben.

▲ **1966 -** Blick vom Ostwall in die Neue Linner Straße. Am 26. Mai 1966 wurde ein Stückchen weiter die Berufsschule am Luisenplatz gesprengt. Für diese Aktion wurde weiträumig abgesperrt. Im Hintergrund Cáfe Küpper und der Durchblick zur Peters- und Königstraße. Vorne rechts lockt das Porzellanhaus Morel mit seinen großen Schaufensterauslagen.

▲ 1900 - Der „Evangelische Bürger Verein hatte sein Vereinshaus in der Neue Linner Straße 64 mit dem Ökomom August Keller. Ein großer Saal, eine Kegelbahn sowie eine überdachte Veranda luden zu geselligen Treffen ein. 1930 wohnte in dem Haus der Ökonom Hans Bogner, außerdem der Verein für Homöopathie und Naturheilkunde. In den 1970er Jahren waren in dem Haus die Odeon-Lichtspiele untergebracht. 1956 eröffnete ein Haus weiter, an der Mariannenstraße 117, die Gaststätte „Flimmerkiste". Hier waren die Toiletten mit „Tante" und „Onkel" beschriftet. Legendär der Flimmerkistenschmaus: Geschnetzeltes Schweinefilet mit Rührei und das Ganze wurde warm auf Toast serviert. Berühmt-berüchtigt war auch die Zwiebelsuppe.

▼ 2013 - Im Herbst stand das Ladenlokal leer.

▲ **1910** - Der älteste „Crefelder Hof" stand nicht am Ostwall, der dem Warenhaus Horten Platz machte, sondern am Neumarkt. Er ging auf den Gastronom Friedrich Oberheim zurück, der Mitte des 19. Jahrhunderts sehr erfolgreich die renommierte Gaststätte „Zum Goldenen Anker" an der Hochstraße/Ecke Rheinstraße führte (später Seidel). Die Westdeutsche Zeitung schrieb dazu: „Im Juli 1850 protokollierte die städtische Baukommision, das der von dem Gastwirt Oberheim eingereichte Plan, nach welchem derselbe das Haus Nr. 127 an der Ecke Hochstraße neu zu bebauen beabsichtigt, wurde untersucht und es fand sich, dass die Ausführung gestattet werden könnte". Also Bauantrag genehmigt. Das Weitere erfuhren die Krefelder ein Jahr später aus der Zeitung: „Heute verlege ich meine Gastwirtschaft „Zum Goldenen Anker" in das von mir am neuen Markt erbaute Hotel Oberheim. Danach galt das Hotel lange Zeit als der vornehmste Gasthof. 1865 ging er an Richard Hilgert über. Von diesem übernahm ihn 1893 Georg Griesinger, der den Ruf des Hauses durch eine Namensänderung in „Crefelder Hof" aufwerten wollte". ▼ **2013** - Auffällig und farblich fast identisch, die Außenwerbung von Galeria Kaufhof und Schuhhaus Deichmann, am Neumarkt.

▲ **2001** - Konditormeister Ralph Decker, der im früheren Café Küpper am Ostwall lernte, eröffnete 1983 mit seiner Frau Christiane, das Café Decker. Aus dem ehemaligen Mode- und Stoffhaus Evertz entstand ein Café mit 100 Sitzplätzen in der 1. Etage, das wunderbar per Aufzug erreicht werden konnte. Unvergessen bleibt bei vielen Kuchenessern die „Decker- und Küpper-Spezial-Torte".

▼ **2012** - Das Geschäftshaus am Neumarkt, erbaut 1913/14 von dem Architekten Robert Stern als Schuhhaus Hirsch & Co, beherbergt heute das Café „Extrablatt" mit schöner Außengastronomie unter einem schattigem Baum am Neumarkt.

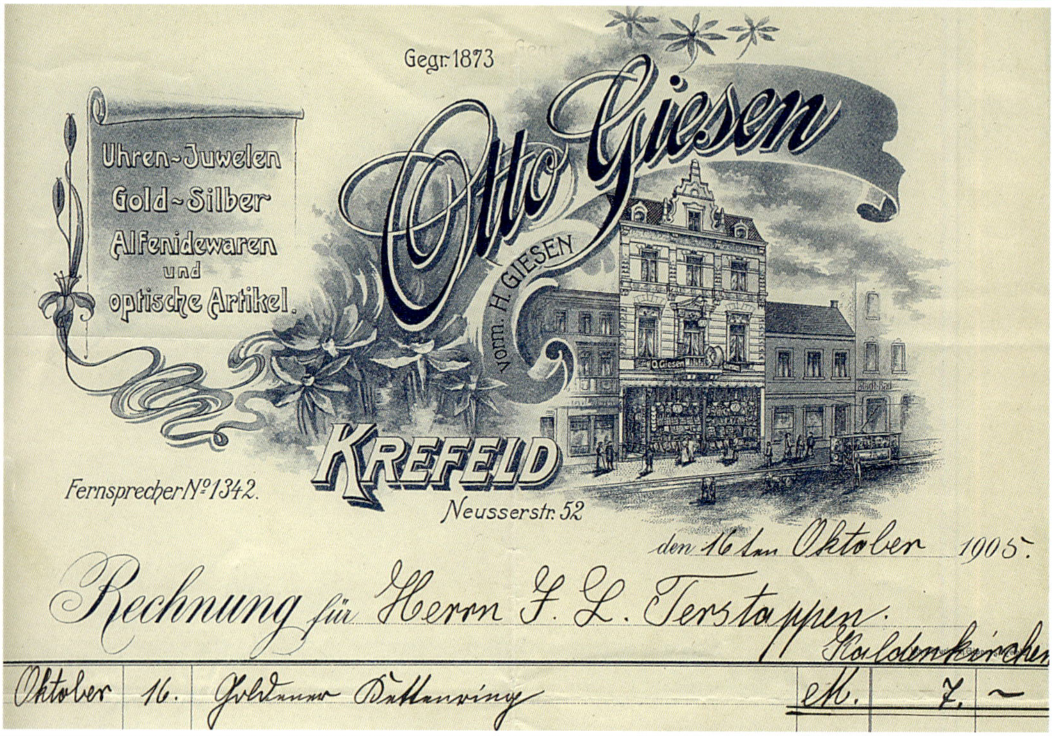

Gegr. 1873

Uhren-Juwelen
Gold-Silber
Alfenidewaren
und
optische Artikel.

Otto Giesen
vorm. H. GIESEN

Fernsprecher No 1342.

KREFELD
Neusserstr. 52

den 16ten Oktober 1905.

Rechnung für Herrn J. L. Terstappen. Kaldenkirchen

Oktober	16.	Goldener [illegible]	M.	7.–

▲ **1905** - Das Geschäft von Uhrmachermeister Otto Giesen wurde 1873 gegründet. Uhren, Juwelen, Gold, Silber, Alfenidewaren und optische Artikel gehorten zum Warensortiment.
▼ **2013** - Heutige Hausansicht, Neusser Str. 52, mit dem „City Gourmet Schnellrestaurant".

▲ **1908** - Mit historisierenden Fassaden, Giebeln und Erkern verabschiedet sich die Neusser Straße auf ihrem letzten Stück vor der Hansastraße. Die Kette der Bogenlampen gehörte zu dem im September 1906 eröffneten Sinn-Haus an der Gabelung zur Gladbacher Straße. Rechter Hand betrieb Fritz Sontag die Restauration „Zum Bierstall", Neusser Straße 29.

▼ **2013** - Zwischenzeitlich hat sich ein ansprechender Branchenmix in der Neusser Straße entwickelt.

▲ **1909** - In der Neusser Straße, an der Ecke der früheren Kanalstraße, lag das Hotel-Restaurant „Europäischer Kaiser". An gleicher Stelle steht heute das „Hansa Centrum". Vorne links der „Bürgerliche Gasthof" des Gastwirtes Johann Dörper, Neusser Straße 23.

▼ **2012** - Die komplette linke und rechte Straßenseite bis zur Hansastraße musste dem Neubau „Hansa-Centrum" weichen.

▼ **1930** - Bereits gegen Ende des 19. Jahrhunderts war der Gasthof „zum Bahnhof" von Wilhelm Lenders in verschiedenen Verzeichnissen aufgeführt. Die Adresse lautete Neusser Straße 8. Nebenan verkaufte das Café Thoeren Kaffee und Kuchen. Davor, um 1910, bot die Konditorei „Jean Linden" ihre Leckereien an. Über 40 Jahre später (siehe untere Aufnahme) fehlte das Eckhaus bereits.

► **1973** - Die Konditorei und Café Bolten an der Neusser Straße 8. Blick vom Beginn der Kölner Straße in Richtung Innenstadt. Dieser Straßenzug wurde 1977, im Vorgriff auf die Sanierung Süd I, abgerissen und ist mittlerweile vom Hansa-Centrum überbaut wurden.

▲ **1911** - Inhaber Wilhelm Bönneken, vom gleichnamigen Restaurant in der Oststraße, lud zur damaligen Zeit seine Gäste und Gönner per Ansichtskarte zu verschiedenen Musikdarbietungen ein. Die Rückseite der Karte wurde mit dem jeweiligen Veranstaltungstermin bedruckt und lautete auf dieser Karte wie folgt: „Sonntag, den 19. Februar 1911 • Original-Musik- u. Gesang-Ensemble „Rysack" • Morgens von 11 bis 2 Uhr: Musikal. Studenten-Frühschoppen • Nachmittags von 4 bis 12 Uhr: Humoristisches Konzert • Eintritt frei". ▼ **2013** - Heute heißt das Restaurant: „Lieewerbaas".

▲ **1955** - Das Restaurant Franke wurde 1869 von J. Hardy eröffnet, in dem sich Studenten zum fröhlichen Umtrunk trafen. Von 1873 bis 1935 betrieb die Familie Rudolf Oebels diese Studentenkneipe, ehe Johann Franke 1936 das Haus kaufte. Nun wurde aus der Kneipe ein gepflegtes Restaurant, das er bis zu seinem Tod leitete. Von 1961 bis 1971 übernahm Helmuth Haude das Lokal. Danach wurde das Restaurant von Franke jr. geführt, als „Pilsener Urquell Spezialausschank", mit Weinkellerei. 1986 eröffnete hier der Münchener Peter Kaufmann sein Nobelrestaurant „Aquilon". Ein erneuter Wechsel vollzog sich ab Mai 2001 für kurze Zeit mit dem Restaurant „Aloisius" und anschließend mit dem Lokal „Grappolo D'oro". ▼ **2012** - Derzeit ist das italienische Restaurant „La Chiara" am Ostwall 199 für „Cucina Italiana" zuständig.

▲ **1903** - Wer von der Carl-Wilhelm-Straße in Richtung Ostwall unterwegs war, der blickte automatisch auf das Cornelius-Denkmal. Die Säule wurde 1865 enthüllt und trug am Sockel folgende Inschrift: „Ihrem Wohltäter, Herrn Cornelius de Greiff, geb. am 8. Juni 1781, gest. am 16. April 1863, die dankbare Vaterstadt". Das Denkmal wurde im zweiten Weltkrieg zerstört.

▲ **1929 -** Der Ostwall mit Blick auf das Cornelius-Denkmal und Hauptpost im Hintergrund, die 1894 eröffnet wurde. Vorne rechts wirbt die auffällige Schrift „Konditorei Café Konfitüren" des Caféhaus Betreibers Rudolf Schulz jun., Ostwall 191. Zwei Häuser weiter verkaufte Frau Brueren med. Drogen in ihrer Drogerie und Fotohandlung Ostwall 195. Ein Haus vor der Ecke Dampfmühlenweg zapfte Gastwirt Rudolf Oebels in seiner Studentenkneipe. ▼ **1908 -** Schon im 19. Jahrhundert ging es an der Ecke Ostwall/Carl-Wilhelm-Straße süffig zu. Weinwirt und Händler Heinrich Staeves sorgte immer für Nachschub. Nachfolger Heinrich Schuster führte das erfolgreiche Wein-Restaurant weiter.

▼ **1960 -** Die Ansichtskarte zeigt sehr übersichtlich den Haltestellenbereich auf dem Ostwall. Ein aufwendiger Haltestellen-Umbau mit Glasdach und eine Mammutbaustelle wird Krefelds Innenstadt gewaltig aufwühlen.

Tempo
Die Weltmarke
RESTAURANT
Faustinus

▲ Anfang der 1950er Jahre starteten einige Geschäfte des Ostwall, eine Werbekampagne mit dem Namen, Krefeld „Klein-Paris": Rudolf Haubold Feinkosthaus, Ostwall 167 • Hopp J. H. Friseurgeschäft, Ostwall 144 •Café Massenberg, Ostwall 156 • Café Küpper, Ostwall 140/142 • Artur von der Way Schirmfabrik, Ostwall 154 • Gaststätte Faustinus, Ostwall 158 und Schambach & Pottkämper Foto, Ostwall 160.

▲ **1960** - Die Neonreklamen der Geschäfte am Ostwall sind eingeschaltet und erzielen in der Dunkelheit die gewünschte Wirkung. Das Lederwarenhaus Bayen wurde von Paul und Ida Bayen 1936 auf der Rheinstraße 13 gegründet. Als das Geschäft im Juni 1943 ausgebombt wurde, zog man vorübergehend auf den Ostwall 53. Im Jahre 1952 konnte dann das neu errichtete eigene Haus am Ostwall 132 bezogen werden. Durch den Ausbau einer Kofferabteilung und die Anlage eines einzigartigen Verkaufsgartens, erfuhr das Haus eine beachtliche Erweiterung. ▼ **2013** - Das leerstehende, ehemalige Lederwarenhaus Bayen, kurz vor dem Abriss am Ostwall.

▲ **1965** - Blick auf die Ecke Rheinstraße/Ostwall. 1949 eröffnete das Tivoli-Haus in einem provisorischen Gebäude. 1968 erfolgte ein Neubau. Die blauweiße Markise an der Ecke gehörte zu dem Geschäft „Tabakwaren Houba". ▼ **1983** - Ein Branchenmix von alteingesessenen aber auch neuen Geschäften bestimmte das Bild der Rheinstraße und blieben in Erinnerung. Fontanella, Giessmann, Otto Mess, Halfmann, Funkhaus Cremer, Mc Donalds und Woolworth auf der linken Seite sowie Horten, Restaurant „Tivoli", Thiel, Schulz und Kempkens auf der gegenüberliegenden Straßenseite.

▲ **2013** - Von außen waren die Horten-Kaufhäuser an den typischen Hortenkacheln zu erkennen. Für Fußgänger und Autofahrer bot sich dieser Anblick im Frühjahr des Jahres 2013.

▼ **2013** - Investor Joachim Tenkhoff modernisiert das ehemalige Horten- und Kaufhof-Haus. Die Arbeiten an der neuen Fassade sind im Oktober in vollem Gange, Beton-Elemente werden angebracht. „Ostwall Carreé" nennt der Investor sein neues Bau-Projekt, das für 40 Millionen Euro kernsaniert wird.

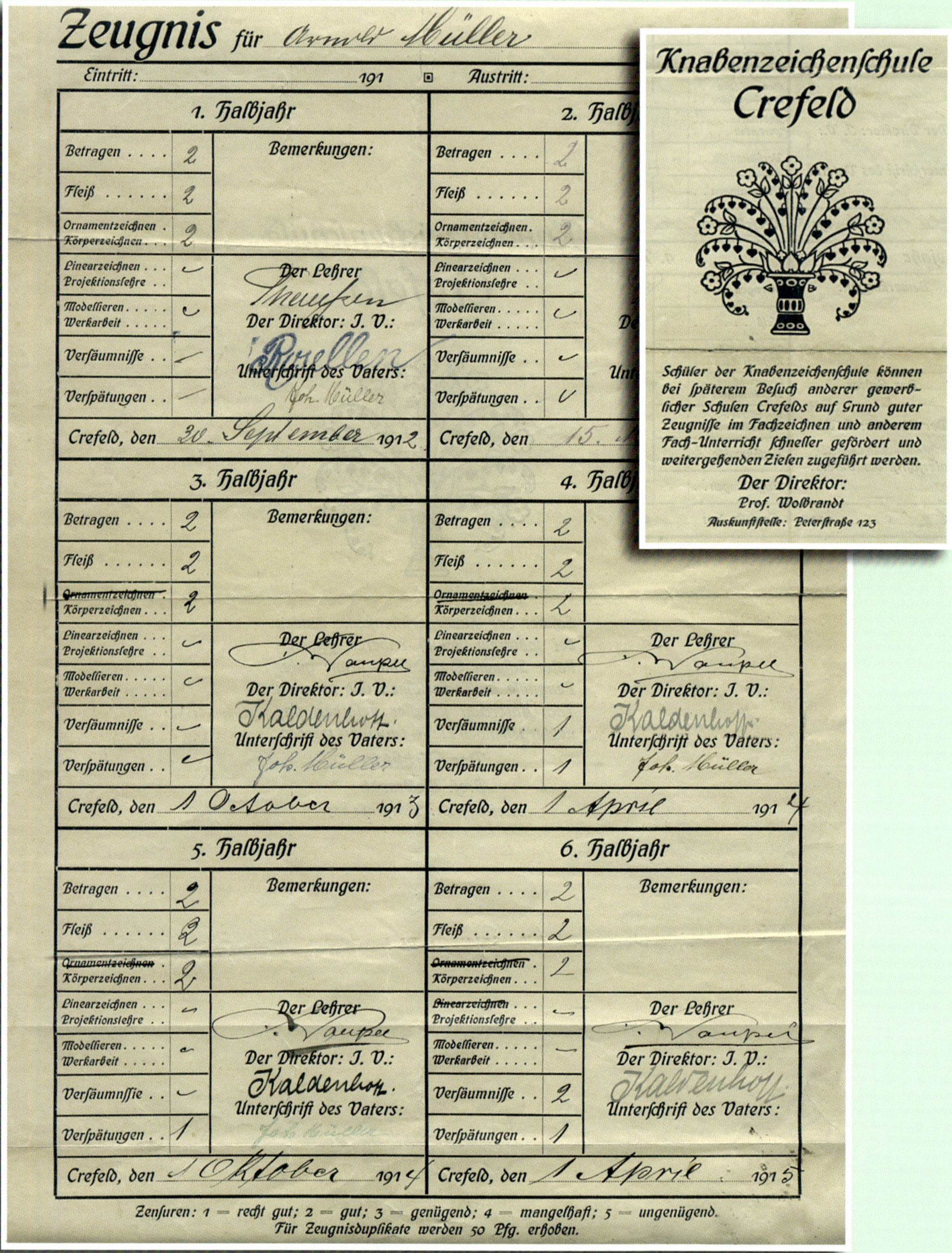

Zeugnis für Arnold Müller

Eintritt: .... 191 Austritt: ....

1. Halbjahr

Betragen	2	Bemerkungen:
Fleiß	2	
Ornamentzeichnen / Körperzeichnen	2	
Linearzeichnen / Projektionslehre	–	Der Lehrer: [Unterschrift]
Modellieren / Werkarbeit	–	Der Direktor: I. V.: Rosellen
Versäumnisse	–	Unterschrift des Vaters:
Verspätungen	–	Joh. Müller

Crefeld, den 30. September 1912

2. Halbjahr

Betragen	2
Fleiß	2
Ornamentzeichnen / Körperzeichnen	2
Linearzeichnen / Projektionslehre	–
Modellieren / Werkarbeit	–
Versäumnisse	–
Verspätungen	–

Crefeld, den 15. ...

3. Halbjahr

Betragen	2	Bemerkungen:
Fleiß	2	
~~Ornamentzeichnen~~ / Körperzeichnen	2	
Linearzeichnen / Projektionslehre	–	Der Lehrer: [Unterschrift]
Modellieren / Werkarbeit	–	Der Direktor: I. V.: Kaldenhoff
Versäumnisse	–	Unterschrift des Vaters:
Verspätungen	–	Joh. Müller

Crefeld, den 1 Oktober 1913

4. Halbjahr

Betragen	2	
Fleiß	2	
~~Ornamentzeichnen~~ / Körperzeichnen	2	
Linearzeichnen / Projektionslehre	–	Der Lehrer: [Unterschrift]
Modellieren / Werkarbeit	–	Der Direktor: I. V.: Kaldenhoff
Versäumnisse	1	Unterschrift des Vaters:
Verspätungen	1	Joh. Müller

Crefeld, den 1 April 1914

5. Halbjahr

Betragen	2	Bemerkungen:
Fleiß	2	
~~Ornamentzeichnen~~ / Körperzeichnen	2	
Linearzeichnen / Projektionslehre	–	Der Lehrer: [Unterschrift]
Modellieren / Werkarbeit	–	Der Direktor: I. V.: Kaldenhoff
Versäumnisse	–	Unterschrift des Vaters:
Verspätungen	1	Joh. Müller

Crefeld, den 1 Oktober 1914

6. Halbjahr

Betragen	2	Bemerkungen:
Fleiß	2	
~~Ornamentzeichnen~~ / Körperzeichnen	2	
~~Linearzeichnen~~ / Projektionslehre	–	Der Lehrer: [Unterschrift]
Modellieren / Werkarbeit	–	Der Direktor: I. V.: Kaldenhoff
Versäumnisse	2	Unterschrift des Vaters:
Verspätungen	1	

Crefeld, den 1 April 1915

Zensuren: 1 = recht gut; 2 = gut; 3 = genügend; 4 = mangelhaft; 5 = ungenügend.
Für Zeugnisduplikate werden 50 Pfg. erhoben.

Knabenzeichenschule Crefeld

Schüler der Knabenzeichenschule können bei späterem Besuch anderer gewerblicher Schulen Crefelds auf Grund guter Zeugnisse im Fachzeichnen und anderem Fach-Unterricht schneller gefördert und weitergehenden Zielen zugeführt werden.

Der Direktor:
Prof. Wolbrandt
Auskunftstelle: Peterstraße 123

▲ **Zeugnis 1912-1915 -** Die Knabenzeichenschule zu Crefeld hatte ihren Sitz in der Petersstraße 123, sowie Unterrichtsräume am Westwall 10 und 60, in der St. Antonstraße 44 und in Linn, Margaretenplatz 2. Das Lehrer-Kollegium setzte sich wie folgt zusammen: Direktor Prof. Karl Wolrandt, Hauptlehrer Jakob Rosellen sowie aus neun weiteren Hilfslehrern.

▲ **1913** - Die Städtische Knabenzeichenschule Crefeld verbunden mit der Werkstätte für Knabenhandarbeit. Eine Momentaufnahme vom Schulbetrieb: Blick in die Werkstatt für Holzarbeit. Die Schule war dem Kuratorium der Handwerker- und Kunstgewerbeschule unterstellt.

▼ **1960** - Seit 1903 stand die „Handwerker- und Kunstgewerbeschule" an der Peters- Ecke Neue Linner Straße und ein Jahr später wurde die Schule eröffnet. 1949 übernahm Fritz Winter die Leitung der Schule und im gleichen Jahr wurde ihr Name in „Werkkunstschule" geändert, Abkürzung „WKS".

▲ **1929** - Heute nicht mehr notwendig: Ein Verkehrspolizist regelt das innerstädtische Treiben an

der Kreuzung Rhein-, Hoch- und Friedrichstraße. Rechts das imposante Kaffee-Haus „Rheinland".

▲ 1911 - Anzeige des Modenhaus Gebrüder Kaufmann, Ecke Rhein- und Friedrichstraße.

▲ **1929** - „Das Warenhaus der Gebrüder Kaufmann an der Rheinstraße Ecke Friedrichstraße mit seiner ganz in Glas und Stahl aufgelösten Front aus dem Jahr 1902" schrieb der Architekturführer Krefeld, war eines der Dutzend Warenhäuser, die in den Jahren 1902 bis 1914, entstanden. Durch die nebenan erbaute Markthalle (1899/1900) sowie das gegenüberliegende Kaiserhaus (1913) erlebte die Geschäftswelt einen Aufschwung.

▼ **2013** - Heute steht an der Ecke das Herrenhaus „Anson's", Rheinstraße 121.

▲ **1910** - Es ist Sommer. Die Markisen des Zigarrengeschäftes von J. Neumann, Friedrichstraße 2, spendeten den nötigen Schatten für die Auslagen. Im gleichen Haus führte von 1856 bis 1923 Louis Beltz das gleichnamige Hotel. Kaisers Kaffegeschäft und ein Krawatten- und Handschuhgeschäft von Anton Kommer ergänzten das Branchenangebot im Eckhaus.

▼ **2013** - Die Klein'sche Buchhandlung feierte 2011 ihr 175- jähriges Bestehen. Wieviele Bücher sind in dieser Zeit wohl verkauft worden?

◄ - Mit dieser Zeitungswerbung sprach das Modehaus Dhein in der damaligen Zeit Kunden in Krefeld und Viersen an.

▼ **2012** - Herzlichen Glückwunsch, seit 140 Jahren im Familienbesitz! Das damalige Spezialhaus für Herren- und Knabenbekleidung entstand aus einer 1873 eröffneten Maßschneiderei von Jakob Dhein, in der Hochstraße. Im Jahre 1917 wurde das große Haus in der Hochstraße 90-92 eröffnet und bis 1975 von Herbert und Max Angerhausen fortgeführt. Von 1976 bis 1993 machten beide mit einem neuen Geschäft auf dem Ostwall 140 auf sich aufmerksam. Im Jahre 1993 ging es in dem ehemaligen Pelzhaus Ermentrud (Inhaber Ulrich Wetter), Geschäftslokal Rheinstraße 134, weiter. Heute führt Inhaberin Andrea Angerhausen das Fachgeschäft für Damen- und Herrenmoden in der Rheinstraße 134.

▲ **1930** - Die Straßenbahnhaltestelle in der Rheinstraße gehörte zum damaligen Straßenbild.

71.

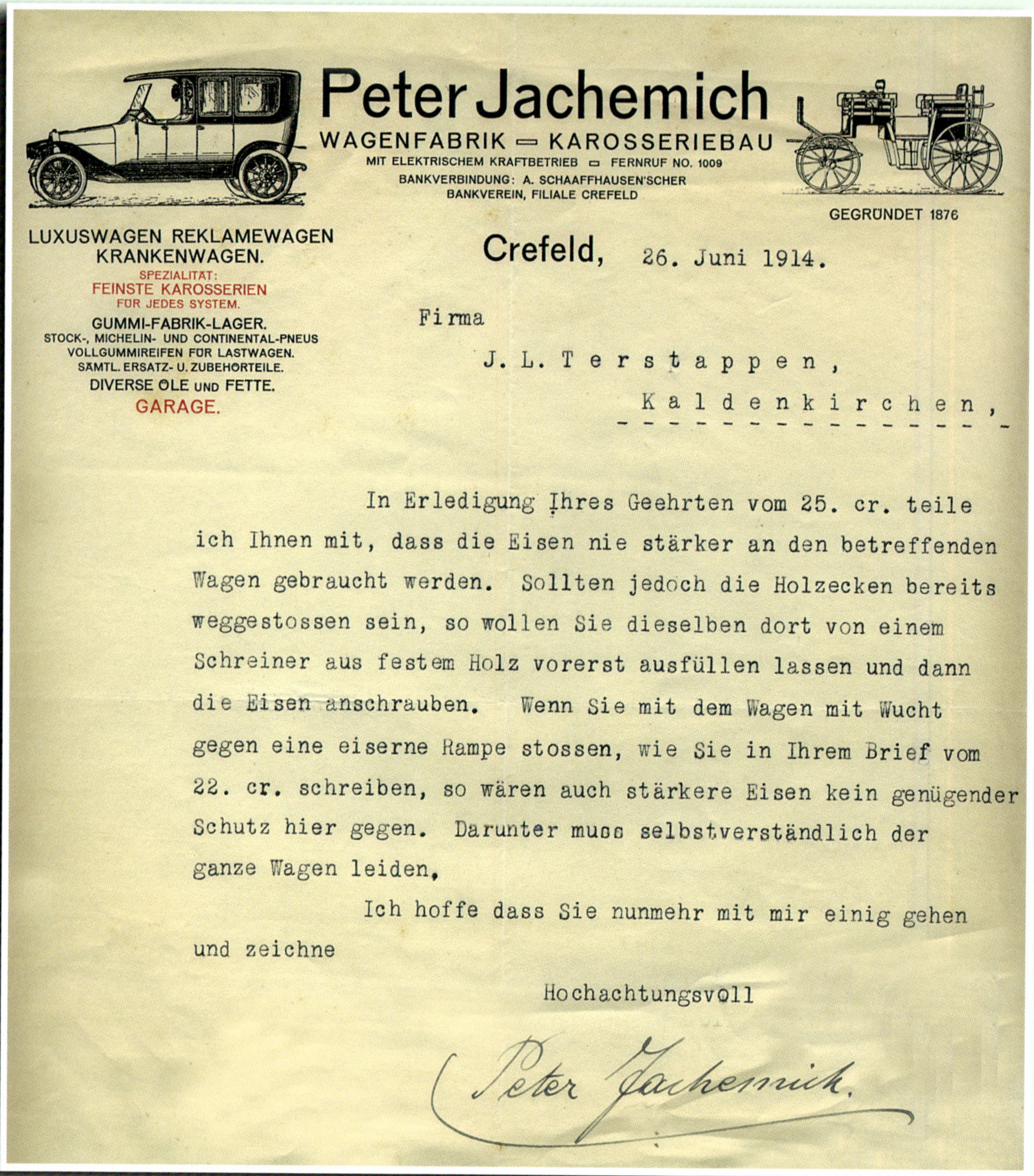

Peter Jachemich
WAGENFABRIK = KAROSSERIEBAU
MIT ELEKTRISCHEM KRAFTBETRIEB ▭ FERNRUF NO. 1009
BANKVERBINDUNG: A. SCHAAFFHAUSEN'SCHER
BANKVEREIN, FILIALE CREFELD

GEGRÜNDET 1876

LUXUSWAGEN REKLAMEWAGEN
KRANKENWAGEN.
SPEZIALITÄT:
FEINSTE KAROSSERIEN
FÜR JEDES SYSTEM.
GUMMI-FABRIK-LAGER.
STOCK-, MICHELIN- UND CONTINENTAL-PNEUS
VOLLGUMMIREIFEN FÜR LASTWAGEN.
SÄMTL. ERSATZ- U. ZUBEHÖRTEILE.
DIVERSE ÖLE UND FETTE.
GARAGE.

Crefeld, 26. Juni 1914.

Firma

J. L. Terstappen,

Kaldenkirchen,

In Erledigung Ihres Geehrten vom 25. cr. teile ich Ihnen mit, dass die Eisen nie stärker an den betreffenden Wagen gebraucht werden. Sollten jedoch die Holzecken bereits weggestossen sein, so wollen Sie dieselben dort von einem Schreiner aus festem Holz vorerst ausfüllen lassen und dann die Eisen anschrauben. Wenn Sie mit dem Wagen mit Wucht gegen eine eiserne Rampe stossen, wie Sie in Ihrem Brief vom 22. cr. schreiben, so wären auch stärkere Eisen kein genügender Schutz hier gegen. Darunter muss selbstverständlich der ganze Wagen leiden.

Ich hoffe dass Sie nunmehr mit mir einig gehen und zeichne

Hochachtungsvoll

Peter Jachemich.

▲ **1914** - Historische Rechnung der Wagenfabrik von Peter Jachemich, Rheinstraße 12. Das Haupt-Wagenmagazin befand sich in der Gartenstraße 10, mit einer großen Auswahl in neuen, aber auch sehr gut erhaltenen herrschaftlichen Wagen aller Art.

▲ **1905** - Menschenauflauf vor der Konditorei und dem Café von Hermann Schmitz, Rheinstraße 117/119. Ob die Passanten alle ins Café wollten, sei dahin gestellt. Jedenfalls verzauberte Konditor Schmitz bereits gegen Ende des 19. Jahrhundert mit seinen Backkünsten die Krefelder in der Rheinstraße.

▼ **1913** - Innenaufnahme des Café Schmitz mit schönen Kronleuchtern und typischer Einrichtung. Wenn der Kuckuck erzählen könnte wer schon alles am Kuchenbüffet war?

▲ **1905 -** Gruß aus Krefeld! Namensgeber für das Restaurant in der Schillerstraße 12 war Hohenzollernkaiser Friedrich III. Martha Liberty verschickte dieses wertvolle Zeitdokument mit verschiedenen Ansichten des Restaurants. Zu dieser Zeit verlief die Schillerstraße noch bis zur Heyesstraße (existierte bis 1908) und dann weiter bis zur Steckendorfer Straße. An der Ecke Heyesstraße befand sich die Gaststätte ▼ **2013 -** Heute befindet sich auf diesem Stück der Kaiser-Friedrich-Hain.

▲ **1908** - Reges Treiben am Schinkenplatz! Frauen und Kinder in weißen Kittelschürzen, den Henkelkorb am Arm, schauen gespannt in Richtung Fotograf. In der rechten Häuserzeile befand sich das Geschäft von Kürschner Gorgon Dombeck, Alte Linner Straße 69. Hüte, Mützen und Pelzwaren gehörten zu seinem Sortiment. Rechts daneben verkaufte Heinrich Jansen Obst und Gemüse in seinem Laden.

▼ **2013** - Die Dreikönigen- und Alte Linner Straße treffen sich am Schnittpunkt Schinkenplatz. Der Platz trägt seinen Namen seit dem 22. September 1992.

▲ **1928** - Der Rat der Stadt Krefeld beschloss im Jahre 1924, den 52.000² großen Sprödentalplatz, erstmalig als Kirmes- und Messeplatz, herzurichten. Heute finden unter anderem zwei Kirmes-

veranstaltungen im Frühjahr und Herbst statt. 1911 fand nach einem Entwurf des Krefelder Architekten Biebricher eine zweimonatige Gewerbe-, Industrie- und Kunstausstellung statt.

▲ **1956** - Blick auf den Hof der Holz- und Furnierhandlung „Hubert C. Ziellenbach Nachfolger" (Inhaber Helmut Schumacher), St.-Anton-Straße 129. Holz Ziellenbach wurde 1842 gegründet und feierte am 1. April 1952, 110- jähriges Bestehen. Das Grundstück verfügte über ein Bürogebäude, ein umfangreiches Holzlager, Pferdeställe sowie ein Arbeiterhäuschen. 1971 wurde der Komplex abgerissen.
▼ **2013** - Auf dem Eckgrundstück Stein-/St. Anton Straße entstehen unter dem Motto: „Wohnen am Stadtgarten", neun barrierefreie Eigentumswohnungen.

▲ **1910** - Was für ein schönes Haus ist da auf der Strecke geblieben: Die Restauration und Gartenwirtschaft „Zum Pulverturm", St. Anton-Straße 208. Hingucker beim Eckgebäude war wohl der „Pulverturm" auf dem Dach. Inhaber Hermann Dadder war nicht nur Wirt, er hatte auch, ein Haus weiter, mit seinem Bruder zusammen eine Frucht- und Fouragehandlung.

▼ **2013** - Kaum zu übersehen ist die Außenwerbung der Firma „Möbeltapete", St. Anton-Straße 208. Jahre zuvor war die Stadtsparkasse Krefeld in dem Gebäude vertreten, ein Geldautomat ist aber noch in Betrieb.

▲ **1901** - Gruß aus Krefeld von der Eckrestauration „Martin Fusshöller", Steckendorfer- Ecke Moerser Straße. Ihr gegenüber lag die Gaststätte „Steckendorf". Seit 1837 existiert die Straßenbezeichnung „Steckendorf", die keine Bauernschaft war, sondern zwischen den Jahren 1700 und 1740 als Häuserzeile entstanden ist.

▼ **2013** - Jede Menge Familien haben hier neuen Wohnraum gefunden.

▲ 2013 - Neubau.

▲ 1960 - In der Gaststätte „Steckendorf" wurde TIVOLI-Bier und Schlösser-Alt getrunken. **▼ 1900** - Ansicht der Kohlenhandlung von Heinrich Wilms in der Steckendorferstraße 93, der auch Lumpen und Eisen ankaufte. **◀ 2013** - In dem Eckgebäude befindet sich heute die Firma Platen & Eisenbach GbR, Sanitär und Heizung.

▲ **1912 -** Diese nach Zürich verschickte Karte zeigt den Kaiser-Friedrich-Hain als einen rundum geschlossenen Park. Er entstand als Garten der Jentgesschen Villa, die 1911 das Naturwissenschaftliche Museum, Steckendorfer Straße 50, aufnahm. In Anzeigen war zu lesen: „Das Museum zeigt neben einer eingehenden Systematik des ganzen Tierreichs zahlreiche Biologische Gruppen einheimischer Tiere". Integriert war das „Aquarium Kaiser-Friedrich-Hain": große Becken mit Fischen der niederrheinischen Gewässer, 30 Aquarien mit Zierfischen, 15 Aquarien mit Seewassertieren und ein Freiland-Terrarium. 1943 wurde das Museum zerstört. ▼ **1917 -** Das Kaiser-Friedrich-Denkmal (Tempelchen) wurde 1914/15 von dem Architekten Hugo Lechmig erbaut, hat die Form eines siebeneckigen Aussichtstempels und steht auf einem zweistufigen Podest.

▲ **1960 -** Der Fotograf steht auf der Königstraße, Blickrichtung Ostwall und hält das Geschehen in der Stephanstraße fest. Der Flachbau an der Ecke Petersstraße 67 zeigt die Tanz-Bar „Kleine Freiheit" von Manfred Abels. Fünf Jahre später heißt die Tanzgaststätte „musical" sowie 20 Jahre später betrieb Magdalene Abels hier das „Glory's".

▼ **2013 -** Auf der rechten Seite lockt die Außenwerbung der Bar „Madame", Stephanstraße 36, die 1965 auch „Silber-Bar" hieß. Heute ist die Lokalität geschlossen

▲ **1950** - In der Nacht zum 22. Juni 1943 wurden bei einem Großangriff der englischen Luftwaffe einige Postgebäude in Krefeld vollständig zerstört. Das Zweigpostamt 4 in der Sternstraße erlitt nur geringfügige Schäden an Türen und Fenstern. 1955 wurden vor einigen Zweigpostämten in Krefeld die ersten Ortsmünzfernsprecher aufgestellt und im Sommer 1956 trafen in der Samt- und Seidenstadt täglich über 100.000 Briefe ein.
▼ **2013** - Aus dem ehemaligen Zweigpostamt wurde die gastronomische „Alte Post". Das Posthorn über dem Eingang erinnert an alte Postlerzeiten.

▲ 1930 - Zwei Fahnen schmücken den Erker der Restauration von „Paul Schüttler", St. Töniser Straße 173. Um 1940 betrieb der Schankwirt Wilhelm Spoeskes die Gaststätte an der Ecke Weeserweg. Von 1950 bis 1996 waren die Eheleute Jörissen Inhaber des „Westend" und jeder hatte seinen Aufgabenbereich: Anna Elisabeth, „Anneliese" genannt war für die gutbürgerliche Küche zuständig und Gerhard leitete das Restaurant. Eine Kegelbahn und der Gesellschaftsraum sowie der Hotelbetrieb sorgten für reichlich Abwechslung. ▼ 2013 - Das Hotel Garni „Westend" in der St. Töniser Straße 173 präsentiert sich aktuell mit neuem Inhaber.

▲ **1910** - Das Hut- und Pelzwarengeschäft von Rudolf Elsing hatte seinen Sitz in der Südstraße 42 und wurde 1886 gegründet. In der Ladentür steht Inhaberin Josefine Schmitz, die etwas schüchtern in die Kamera schaut, doch den Laden werblich erstklassig in Szene gesetzt hat. Die halbrunden Elemente zum Bürgersteig hin waren sehr aussagekräftig: „Spezial-Geschäft hochfeiner Pelzwaren" und „Reparaturen, Veränderungen prompt und billig" lauteten die Dienstleistungen. Nebenan hatte Schuhmachermeister Wilhelm Bohr sein Ladengeschäft. ▼ **2013** - Und so sieht die Häuserreihe, zwischen der Tannen- und Corneliusstraße, heute aus.

◀ **1912 -** Gegen Ende des 19. Jahrhunderts hieß die Gaststätte „Adam Helligrath", später Restauration „Helmut Berger". Hier trank der Krefelder ein „Bürgerbräu Pilsener", ein Bier aus der Düsseldorfer Brauerei AG Schwabenbräu. Doch Gastwirt Josef Berger zapfte auch Münchener Biere in seinem Lokal, Südstraße 52. Weitere Besonderheiten: Reine Weine, Billard und ein Telefon, mit der Nummer 752, wurden in der Werbung hervorgehoben. Nachdem die Epoche von Gastwirt Josef Berger zu Ende ging, hatte Familie Plücken in den 1930er Jahren und Josef Cuhpers in den 1940er Jahren, den Zapfhahn in der Hand.

▶ **2013 -** Im Laufe der Jahre hat der Eckkomplex ein schmuckloseres Gesicht bekommen.

▲ **1918** - Blick von der Corneliusstraße in die Südstraße, Richtung Roß- und auf Häuser der Prinz-Ferdinand-Straße im Hintergrund. Auf der rechten Seite steht die viertürmige katholische Pfarrkirche St. Josef. Die Grundsteinlegung wurde im Oktober 1887, die Einweihung im März 1890 gefeiert. Im Eckhaus auf der gegenüberliegenden Seite, hatte Leopold Luft einen kleinen Laden, wo er u. a. Konfitüren, Biskuits, Tee und Kaffee verkaufte. In seiner Zuckerwarenfabrik, Lüdersstraße 11, wurde manches dieser Leckereien produziert In den 1940er Jahren verlegte er seinen Firmensitz in die Tannenstraße 84 e, der bis in die 1970er Jahre Gültigkeit hatte. ▼ **2013** - Die Josefkirche ist geblieben und hat sich kaum verändert - ansonsten aber hat sich das Bild der linken Straßenseite völlig gewandelt.

▲ **1979 -** Die Bürgerinitiative „Rund um St. Josef" wurde 1974 als Elterninitiative gegründet. Zwei Jahre später mietete man in der Südstraße 53 ein Ladenlokal an und 1977 erfolgte die Vereinsgründung. Die ersten Veranstaltungen für Kinder wurden im Schaufenster auf Plakaten beworben: Video, Kino und Kinderkino. 1984 kamen Räumlichkeiten in der Corneliusstraße 43 dazu und die Bildungsaktivitäten für Menschen im Josefsviertel wurden umfangreicher. 1996 wurde das Büro in der Südstraße aufgegeben und aktuell kann sich das umfangreiche Programm sehen lassen. Mit dem Slogan „Bildung für alle", in den Bereichen Familienzentrum, Jugendfreizeitstätte, Jugendkunstschule, Ganztag an Schulen sowie Familien- und Weiterbildung, ist die Bürgerinitiative heute Anlaufstelle, für alle die sich weiterbilden wollen. ▼ **2013 -** Frische Farbe am Eckhaus, Parterre mit der Trinkhalle „MEGA".

▲ **2013** - Heute ist gegenwärtig das Geschäft „Elektronic-Place" im Eckgebäude vertreten.

◀ **1915** - Die Nähe zum Bahnhof bescherte ihm viele Gäste. Wilhelm Kürten und sein gleichnamiges Hotel-Restaurant am Südwall 52. „Kaffee, Wein und Bier ... das rat ich Dir", zumindestens stand das auf der Hauswand.

▼ **1965** - Franz und Maria Peis führten das Hotel mit dem Namen „Stadt Geldern". Schon 1895 gab es hier Gastronomie: Fritz Scheeren zapfte das Bier.

▲ **1900** - Gruß aus Krefeld von der Restauration „Karl Schmitz", Südwall 29. Die Ansichtskarte zeigt drei Bildausschnitte: 1. Das Denkmal von Generalfeldmarschall Helmuth Graf von Moltke stand am Ostwall und wurde 1897 enthüllt. 2. Die Hausansicht mit den Schriftzügen „Restaurant Karl Schmitz" und „Zum Kaiser Karl d. Grosse" sowie im Hintergrund die Pferdebahn der Crefelder Straßenbahn, die zwischen der Eisenbahnlinie an der Neusser Straße und der Sternstraße betrieben wurde. 3. Saalansicht der Gaststätte. Mitte der 1960er Jahre hatte die Tanzgaststätte „Romantica" in dem Haus ihr Domizil. ▼ **2013** - So zeigen sich den heutigen Kunden die Fassaden der Häuser des Südwalls auf dem Stück zwischen Hoch- und Königstraße.

▲ **1910** - Über den Dächern von Krefeld. Ein alltäglicher Ausblick für einen Schornsteinfeger oder Dachdecker. Der Fotograf muss wohl in dem 87 Meter hohen Turm der Liebfrauenkirche auf den Auslöser gedrückt haben um solch ein Foto, mit dem Krefelder Wahrzeichen, der Dionysiuskirche", zu be-

kommen. Die rechte Bildhälfte wird von dem sehr grünen Westwall eingenommen. Der linke Bildausschnitt zeigt eher die Hinterhofatmosphäre des innerstädtischen Krefelds sowie unten links einen schmalen Streifen des Nordwalls. ▼ 2013 - Der herbstliche Westwall lockt den Fotografen!

Hotel-Restaurant Burghof
Inh.: Ed. König. :-: Krefeld, :-: Telephon 2472.
Westwall am Kaiser Wilhelm-Museum.
Spezialhaus für Geschäftsreisende. — Gute bügerliche Küche. — ff. helles und dunkles Bier. — Reine Weine.
Zentral-Heizung :: Schöner Wintergarten. :: Elektrisches Licht

◄ **1941** - Küchenmeister Josef Hochköpper war Inhaber des Hotels „Burghof", Westwall 66, mit einem dazugehörigen Restaurant Bis zu 600 Personen konnten in den Sälen und Gesellschaftszimmern feiern. Nach einem Besuch des Kaiser-Wilhelm-Museum kehrten viele Gäste bei ihm ein. Im vorigen Jahrhundert hieß diese bekannte Krefelder Wirtschaft „Zum Prinzen Carl". Der Wirt Jakob Broch schenkte nicht nur feines Dortmunder Bier aus; er sorgte auch sonst für die Unterhaltung seiner Gäste. So hatte er eines Tages eine zündende Idee und baute das obere Stockwerk seines Hauses zum Schießstand aus. 1856 stand diese Attraktion im Crefelder Anzeiger: „Zur Eröffnung der in meinem oberen Lokale befindlichen 60 Fuß langen Schießbahn, welche ohne alle Gefahr für Kugelbüchsen ohne Knall mit einer nie dagewesenen mechanischen Scheibe eingerichtet ist, findet am Sylvester-Abend bei brillianter Beleuchtung ein großes Preisschießen um wertvolle Gegenstände statt. Hierzu sind alle Schießlustigen ergebenst eingeladen.

► **2013** - Das aktuelle Bild zeigt, dass von der einstigen baulichen Pracht an der Westwall-Ecke nicht viel geblieben ist.

◄ **1927** - Die Ansichtskarte zeigt das ehemalige Restaurant „Bürgerkrug", mit einem urigen, lichtdurchfluteten Speiseraum und langgezogener Theke, an der Evertsstraße Ecke Westwall. Besitzer und Wirt Theodor Wendering stand am Zapfhahn.

► **2013** - Heute füllt ein modernes Wohngebäude mit Ladenlokal das Eckgrundstück.

▲ **1906** - Wochenmarkt auf dem Westwall zwischen Dreikönigenstraße und Marktstraße. Die Westwall-Märkte, dazu gehörte der bis 1894 unbebaute Karlsplatz, gibt es schon seit Beginn des 19. Jahrhunderts. Was für eine Erleichterung zur damaligen Zeit: Mit der Straßenbahn zum Westwall-Markt. Die Straßenbahn kam von der „Centralhalle" (Marktstr./Ecke Frankenring), fuhr die Marktstraße entlang (hielt Hubertusstraße) und bog in den Westwall ein (hielt Dreikönigenstraße). Weiter fuhr sie in Richtung Ostwall (hielt Dreikönigenstraße) und zur Endstation Schlachthof (hielt Bahn-/Oppumer Straße).

▼ **2013** - Der Wochenmark auf dem Westwall, von der Dionysius-, bis zur Lindenstraße, findet immer dienstags und freitags in der Zeit von 7.00-13.00 Uhr statt. Auf einer Fläche von 6.500 qm werden u. a. Obst, Gemüse, Käse, Milchprodukte, Blumen, Pflanzen, Fisch, Geflügel, Eier und Wild angeboten.

▲ **1925** - Emil Kühler war Wirt und Inhaber einer Dampf-Kornbrennerei am Westwall 98. Bereits gegen Ende des 19. Jahrhunderts war die Gaststätte existent. Die Lage war hervorragend um ein „Körnchen" zu trinken: nach dem Gang zum Rathaus, beim sonntäglichen Frühschoppen, vor und nach der Messe in der Dionysiuskirche oder an Markttagen am Westwall. Dem „Klaren" oder dem billigen Branntwein wurde weit häufiger zugesprochen, als dem relativ teuren Bier. ▼ **2013** - Verschwunden sind die Erker und schönen Fassaden, auf dem Stück zwischen der Dionysius- und Blumenstraße.

▲ **1914** - Umzäunte Blumen- und Rasenbeete, wie hier am Westwall, gehörten zu Alt-C(K)refeld und wurden in einem „Stadtführer durch C(K)refeld von 1911" besonders erwähnt: „Auch in der inneren Stadt ist durch die breiten Alleen, die das Rechteck der ältesten Stadtbezirke umgrenzen, die vier Wälle, eine Anlage geschaffen, die mit ihrem prächtigen Baumschmuck, dem anmutigen Wechsel von grünem Rasen und Gesträuch und bunten Blumenbeeten und mit ihren Denkmälern einen Spaziergang darstellen, der seines Gleichen sucht".

▼ **2013** - Und heute: der anmutige Wechsel zwischen Rasen und parkenden Autos.

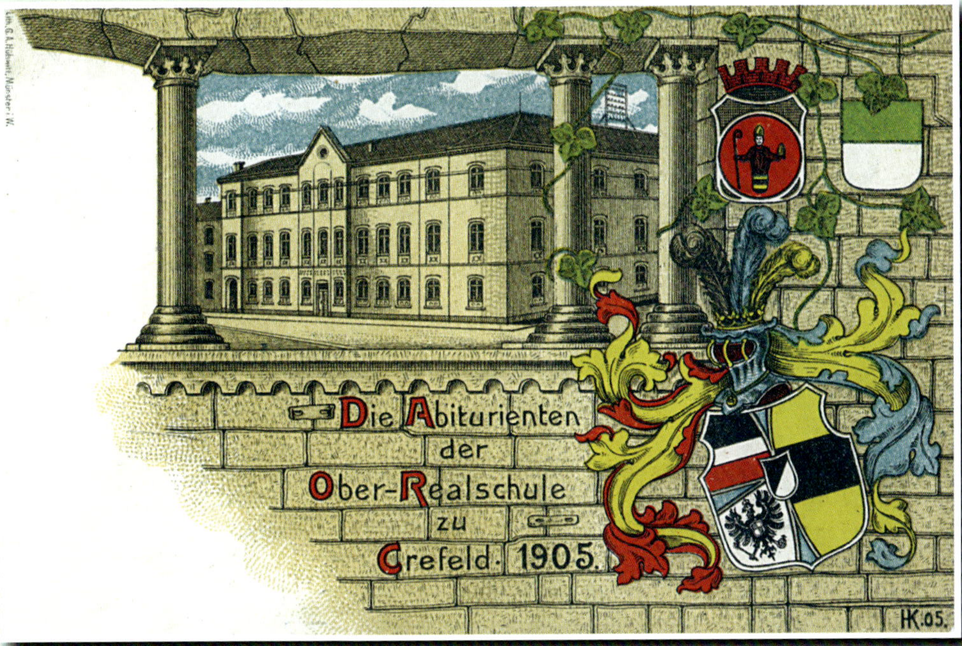

▲ **1905 -** Abiturientenkarte der Städtischen Ober-Realschule (heute Fichte-Schule), Westwall 14. Ein Überblick des Schul-Kuratoriums von 1910. **Vorsitzender:** Der Oberbürgermeister. **Beigeordneter:** Dr. Bertram, Oberlehrer. **Mitglieder:** Karl Quoffet, Direktor der Oberrealschule • Geh. Kommerzienrat Emil de Greiff, Beigeordneter • Hermann von Beckerath, Stadtverordneter • Kommerzienrat Moritz de Greiff, Stadtverordneter • Justizrat Paul Krüsemann, Stadtverordneter • Justizrat Heinrich Mengelberg, Stadtverordneter. **Lehrer-Kollegium:** bestehend aus dem Direktor, mehreren Professoren, Religions- Ober-, Zeichen-, und Gesanglehrer. **Schuldiener:** Dietrich Meier.

▼ **2013 -** Heutige Ansicht des Fichte-Gymnasiums, Eingang Lindenstraße 52.

▲ **1939** - Die Ansichtskarte von 1939 zeigt die Restauration „Zum armen Peter“, Benrad 48-52 (Damalige Straßennummerierung). Im August 1914 entstand die Wirtschaft im Grünen mit einem Gartenrestaurant. Seiner Zeit spazierten besonders viele Kirchenvereine und kinderreiche Familien zum „Armen Peter“. Bei ihm gab es damals noch Rosinenbrot mit Butter und Apfelkraut, dazu eine Kanne Kaffee und alles für 1,10 Mark. Der Krefelder Blindenverein veranstaltete bei ihm seine Sommer- und Herbstfeste. Inhaber Peter Reuter starb 1959, seine Erben hielten die Tradition des Hauses aufrecht. ▼ **2013** - Aktuell ist die Gaststätte „Zum armen Peter“, Benrader Straße, geschlossen.

▲ **1930** - Inhaber Joh. van Hasselt vom Kaffee-Restaurant „Zur Landwehr", Alte Gladbacher Straße, hatte zur damaligen Zeit „Autogaragen" in seinem gastronomischen Betrieb vorzuweisen. Die Anfahrt zum Lokal, wenn man sich die Ansichtskarte einmal betrachtet, wird nicht einfach gewesen sein.

◀ **1940** - Der Bauer Johannes Hüskes gründete gegen Ende des 19. Jahrhunderts die Gaststätte „Zum Weinbauer", Benrad 100 (damalige Straßenbezeichnung, heute Oberbenraderstraße 32). Namensgeber für das Lokal war ein Weg, am Anwesen vorbei, in Richtung Forstwald. Viele Apfelbäume wuchsen entlang des Weges und aus den gepflückten Äpfeln stellte der Urgroßvater „Apfelwein" her. Seit dieser Zeit trägt das Lokal den Namen: „Zum Weinbauer". Anlaufstelle für viele Familien war in den Sommermonaten der 300 Personen fassende Biergarten. Heute öffnet Familie Kämmerling das „Park-Café Weinbauer" nur noch nach Reservierung zum Beerdigungskaffee oder bei Familienfeiern.

▲ **1966 -** Namensgeber für die Gaststätte „Jägerhof", Ortmannsheide 222, von Karl-Heinz Bonnen war sehr wahrscheinlich um 1940 das Gebiet „Ortmanns Jägersheide". Es lag zwischen der Widdersche Straße und Horckesgath, mit den umliegenden Höfen: Kretenhof, Bäskeshof, Dahmen, Brachter, Kleiner- und Großer-Ortmannshof sowie Großer-Bückerhof. Vor dem zweiten Weltkrieg hieß die Gaststätte Förster und „Förster Jägerhof" mit Bieren von der TIVOLI-Brauerei. ▼ **1900 -** Gruß aus Benrad. Restauration „Peter Högel" steht in auffälliger Schrift über dem Eingang der Wirtschaft „Unter den Linden". Die Gartenwirtschaft mit altem Baumbestand verfügte auch über eine Kegelbahn.

▲ **1913** - Gruß aus Benrad vom Restaurant „Zum Schützenhof", Inhaber Witwe Jean Gather, Benrad 84 (Damalige Straßennummerierung). Das Ausflugslokal hatte einiges zu bieten: Preiswerte Biere, reine Weine, ein Gesellschaftszimmer mit Klavier, einen schönen schattingen Garten mit 400-jährigen Buchen sowie einen großen Kinderspielplatz. Die Haltestelle der Elektrischen Straßenbahn befand sich in unmittelbarer Nähe.

▲ **1915** - Der Fotograf muss wohl in einem zweiten Ruderboot gegessen haben um solch eine Aufnahme von der Buschstraße Ecke Engerstraße zu erpaddeln. Das mittlere Haus im Hintergrund ist das Restaurant „Zur Rennbahn", Buschstraße 70. Damaliger Besitzer war Albrecht von den Bruck, vormals Sparla. Später hieß das Lokal „Haus am See".

▼ **2013** - Heute ist diese freie Sicht so nicht mehr möglich. Jedoch eignet sich das kleine Gewässer wunderbar um, mit oder ohne Hund, ein paar Runden an der frischen Luft zu drehen.

▲ **1902** - Vor über 110 Jahren entstand diese Ansichtskarte aus Bockum. Oben links im Bild die alte Schmiede an der Buschstraße und gegenüber die Restauration von „Hubert Hormann", Wirt und Metallarbeiter. Ab 1909 hieß die Gaststätte „Haus Brammen". Mitte der 1950er Jahre mußte die Gaststätte an der Ecke Buschstraße/Friedrich-Ebert-Straße wegen Verkehrsgefährdung abgerissen werden. Doch bereits im Sommer 1957 eröffnete Jakob Brammen die neue Gaststätte „Brammen", mit der sogenannten „Ritterschenke" im Erdgeschoss sowie das erste Obergeschoss mit 15 Hotelzimmern. Nach dreimonatiger Umbauzeit entstand 1986 aus dem ehemaligen „Haus Brammen" an der Buschstraße 247 das „Haus am Sollbrüggenpark". Die Inhaber hießen Siegmund und Angelika Poddig. Oben rechts im Bild die Restauration von „Heinrich Witten", später Gaststätte Ilbertz, Uerdinger Straße. ▼ **2013** - Heute steht ein Neubau an der traditionsreichen, gastronomischen Ecke.

▲ **1965** - Die Gemeindesparkasse Bockum wurde am 25. September 1856 eröffnet und hatte ihren Sitz im Bockumer Rathaus. Durch die Eingemeindung von Bockum, 1907 nach Krefeld, wurde sie im selben Jahr zur Zweigstelle der Städtischen Sparkasse Krefeld. Seit 1957 plante dann der Vorstand der Stadtsparkasse einen Neubau und erwarb das 800 qm große Eckgrundstück. Erst 1963 kam es zu einer Einigung. Nach den Plänen des Architekten Jakob Prinzen entstand bis zum Herbst 1964 ein zweigeschossiger Flachdachbau mit aluminiumverkleideter Fassade, der am 6. Oktober 1964 eröffnet wurde. In einem Teilbereich war im Erdgeschoos die Buchen-Apotheke der Apotheker-Familie Herding untergebracht. Am 16. Juni 1997 wurde nach rund einem Jahr Umbauzeit und provisorischer Unterbringung in einem Container die Sparkasse mit umgestalteter Fassade wieder in Betrieb genommen, allerdings ohne Apotheke. ▼ **2011** - Heute erinnert nichts mehr an alte Hof-Zeiten, als an der Ecke Busch-/Verberger Straße der Zeppertzhof, der später auch Brooshof hieß, stand.

▲ 1921 - Ansicht der Buschstraße mit der Gertrudiskrche in der Bildmitte und dem Herz-Jesu-Kloster auf der rechten Seite, das 1903 erbaut wurde. Das Kloster hatte eine eigene Kapelle und bot sieben Schwestern Platz, die Angehörige des Ordens der Cellitinnen in Köln waren. 1971 mussten sich die Schwestern allerdings aus Bockum verabschieden, weil es an Nachwuchs fehlte.

▼ 2013 - Seit 1897 heißt die Perspektive Buschstraße, die des öfteren bis 1929 mit der Buschstraße in Traar verwechselt wurde. 1929, nach der Eingemeindung von Traar nach Krefeld, wurde die „Buschstraße Traar" aus dem Krefelder Straßenverzeichnis gelöscht.

► **1967** - Eine der letzten Aufnahmen vom Neu-Herbertzhof, Friedrich-Ebert-Straße 146, Ecke Kaiserstraße. Der Hof wurde auch „Pielenbauer" genannt. Bauer Franz Pielen war der damalige Pächter.

◄ **1967** - Im selben Jahr wurde der Hof abgerissen und die alten Torpfeiler an der Kaiserstraße wurden beim Neubau mit eingefügt.

► **2013** - Der Blick ist geblieben, doch die einstige Bauernhof-Idylle ist verschwunden. Ein Neubau ziert das Bild an der Friedrich-Ebert-Straße.

▲ **1899 -** Lange ist es her: die Restauration und Gartenwirtschaft „Zu den drei Kaisern" von G. Werner. Um 1925 hieß das Restaurant von Karl Kleinniessen: „Zur Erholung". Die zwei Kegelbahnen, der Billardtisch und die Gesellschaftsräume fanden großen Zuspruch bei den Bockumern. In den 1970er Jahren führte Liesel Kleinniessen für viele Jahre die Gaststätte mit ihrem Vater Josef.
▼ **2013 -** Heutige Ansicht des Gasthauses „Kleinniessen", Grotenburgstraße 94. Seit November 2012 kocht hier Richard Rupaszov ungarische und deutsche Leckereien.

▲ **1902** - Der Gasthof entstand 1776 an Stelle der alten Fuhrmannsschenke, bestehend aus Wohn- und Wirtshaus mit schönem Giebelvorbau, Scheune, Brauerei und Stallungen. Anfang des 18. Jahrhunderts hieß der erste Wirt Johann Arnz. 1842 übernahmen die Eheleute Oebels den gesamten Besitz und brauten ihr eigenes Bier. Johann Peter Oebels, der auch Beigeordneter der Gemeinde Bockum war, verstarb 1850. Seine Witwe führte den Betrieb weiter. Im Jahre 1872 heiratete Joseph Schüten vom „Doerperhof" die Tochter Sibilla Oebels und übernahm die Bewirtschaftung. Die Bierbrauerei blieb dem Haus bis 1914 erhalten. 1952 übernahm die TIVOLI-Brauerei das Haus „Oebels-Schüten".

▼ **2011** - Aktuell ist der traditionsreiche „Schütenhof", Uerdinger Straße 624, geschlossen.

▲ 1965 - Die alte Ansichtskarte zeigt das Café Exquisit, an der Uerdinger Straße 634, mit einer der damaligen Zeit entsprechenden Café-Einrichtung. Nachfolgend in chronologischer Reihenfolge die Inhaber: Konditormeister Bernhard Evertz führte in den 1950er Jahren die Konditorei, Mitte der 1960er Jahre Konditormeister Helmut Bücker und ab 1996 bis heute Konditormeister Stefan Schunk.
▼ 2012 - Schon von weitem lockt die Giebelwerbung vom Café Exquisit, an der Uerdinger Straße 634: Conditorei • Confiserie • Gartencafé • Eis.

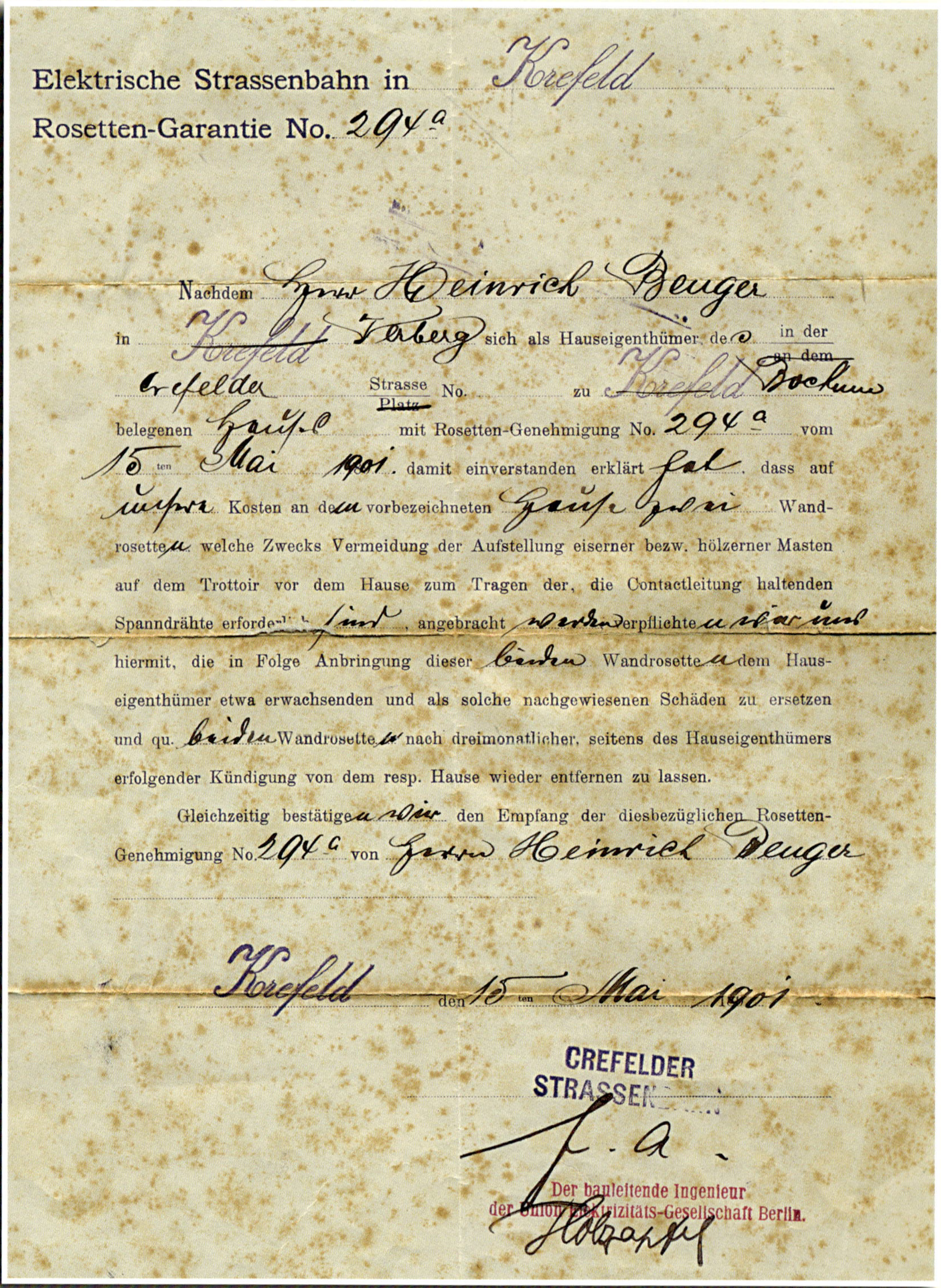

Elektrische Strassenbahn in Krefeld

Rosetten-Garantie No. 294a

Nachdem Herr Heinrich Benger in Krefeld Verberg sich als Hauseigenthümer des in der ~~an dem~~ Crefelder Strasse ~~Platz~~ No. zu ~~Krefeld~~ Bockum belegenen Hauses mit Rosetten-Genehmigung No. 294a vom 15ten Mai 1901 damit einverstanden erklärt hat, dass auf unsere Kosten an dem vorbezeichneten Hause zwei Wandrosetten welche Zwecks Vermeidung der Aufstellung eiserner bezw. hölzerner Masten auf dem Trottoir vor dem Hause zum Tragen der, die Contactleitung haltenden Spanndrähte erforderlich sind, angebracht werden verpflichten wir uns hiermit, die in Folge Anbringung dieser beiden Wandrosetten dem Hauseigenthümer etwa erwachsenden und als solche nachgewiesenen Schäden zu ersetzen und qu. beiden Wandrosetten nach dreimonatlicher, seitens des Hauseigenthümers erfolgender Kündigung von dem resp. Hause wieder entfernen zu lassen.

Gleichzeitig bestätigen wir den Empfang der diesbezüglichen Rosetten-Genehmigung No. 294a von Herrn Heinrich Benger

Krefeld den 15ten Mai 1901.

CREFELDER STRASSEN...

i. A.

Der bauleitende Ingenieur der Union Elektrizitäts-Gesellschaft Berlin.

Holzapfel

▲ **1901** - Schreiben der Crefelder Straßenbahn bezüglich einer „Rosetten-Genehmigung No. 294 a" und Anbringung einer Wandrosette an der Gaststätte von Heinrich Benger.

▲ **1898** - Braumeister Heinrich und Johanna (geb. Eyll) Benger kauften 1898 das Anwesen der Geschwister Baurmann, Brauerei & Restauration. 1901 erfolgte die Eröffnung mit Biergarten entlang der Uerdinger Straße. Der Saal in der ersten Etage fand bei den Bockumern großen Anklang. In der eigenen Hausbrauerei wurde obergäriges Bier gebraut und die 20 l Fässer im Bollerwagen in die umliegenden Dörfer ausgeliefert. Auf Grund von schlechter Wasserqualität wurde 1920 das Bierbrauen eingestellt und der Betrieb an die Brauerei Rhenania verpachtet. 1931 übernahm sein Sohn Carl und Maria (geb. Joosten) Benger den gastronomischen Betrieb und erweiterten mit einem Süßwarengroßhandel im Anbau, dem früheren Scheunenteil. Später wurde das Objekt von der NSDAP bis zum Ende des zweiten Weltkrieges beschlagnahmt Die Familie wurde evakuiert und der Vater kam in Kriegsgefangenschaft (1945 Rückkehr). Von 1946 bis 1948 fand eine „Volksspeisung" statt. Täglich wurde bei Benger für ca. 1000 Personen gekocht und alkoholfreies „Fliegerbier" verkauft. 1948 erfolgte eine Erweiterung: die ersten Hotelzimmer wurden gebaut und bereits 1955 waren 30 Fremdenbetten vorhanden. 1969 übernahmen Küchenmeister Karl und Ursel Benger das heute denkmalgeschützte Haus und führten es bis 1999. Die Nachfolger: 2000-2003 Olaf Madday, 2003-2006 Familie Ntovas und seit 2006 heißt der neue Pächter Alain Michelis. ► **1916** - Heinrich Benger steht im Eingang seiner Gaststätte.

▲ - Beim immer wiederkehrenden Schützenfest in Bockum, waren Fensterplätze in der 1. Etage, sehr gefragt. Ganz nach dem Motto: „Ich habe eine Fahne", wurde diese mit rausgehangen. Im Hintergrund die Firma „C. F. Beck Lebensmittel", 1826 gegründet, hatte sie zum 100-jährigen Jubiläum schon über 100 Filialen. ▼ **2013** - Bevor Reiner Volkmann mit seiner Bockumer Buchhandlung, Uerdinger Straße 608-610, die Nachfolge in den Geschäftsräumen antreten konnte, war die Volksbank Krefeld seit 1975 gegenüber der Getrudiskirche ansässig.

▲ **1908** - Gastwirt Heinrich Ilbertz kaufte 1903 das Gasthaus Uerdinger Straße 551, das vorher der Familie Witten gehörte. Wie von vielen anderen Wirtschaften erzählen die alten Bockumer auch über die Gaststätte Ilbertz nette Dönchen. Das Ecklokal war früher für die Fuhrleute, die von Krefeld nach Uerdingen oder weiter pendelten, ein beliebtes Lokal. Die kräftigen Gäule der Fuhrwerke sollen damals bereits so an den Durst ihrer Kutscher gewöhnt gewesen sein, dass sie bei Ilbertz von selbst anhielten und darauf warteten, das die Fuhrleute in Richtung Theke verschwanden. 1939 ging der Betrieb auf seinen Schwiegersohn Werner Ebbing über. 1954 stand Heinrich Ilbertz mit 85 Jahren als ältester aktiver Wirt immer noch hinter der Theke. Im Februar 1966 musste die alte Gaststätte einer Tankstelle weichen, wurde aber nebenan in einem Neubau zu neuem Leben erweckt. ▼ **2013** - Ich weiß wohin ich fahr, zur Tankstelle „Star". Nebenan befindet sich die Dorfschänke „Vossen".

▲ 2004 - Anfang der 1960er Jahre führte Familie Schweers in diesem Haus ein Grill-Restaurant. Danach trafen sich hier die Bockumer im Eiscafé Schütz, ehe 1973 der Italiener Gianni Tessaro das Feinschmeckerlokal „La Capannina", was soviel wie „Das Hüttchen" bedeutet, eröffnete. 1982 kam Rino Tommasini als weiterer Inhaber dazu.

▼ 2013 - Auch dieses Haus musste einem Neubau weichen. Bagger schaufelten das große Grundstück frei für ein neues modernes Haus. Im Jahre 2012 eröffnete die Volksbank-Filiale Bockum.

▲ **1917** - In den Jahren 1910 bis 1930, hieß die Uerdinger Straße auf dem Stück zwischen der Grenzstraße und der Gaststätte „Benger", Crefelder Straße. Die Rathaus-Apotheke von Rudolf Herding wurde 1908 eröffnet. Im gleichen Jahr gründete sich der Bockumer Bürgerverein und der St. Martinszugverein Alt-Bockum.

▼ **2012** - Der Schriftzug „Apotheke" an der Hauswand erinnert an alte pharmazeutische Zeiten. Heute finden wir hier die Staubsauger-Zentrale Kreuzer, Uerdinger Straße 580, Ecke Bockumer Platz.

▲ **1900 -** Erinnerungen an die Gaststätte Schäfer! Busch Matthes gründete 1854 in dem kleinen Haus neben der ehemaligen Wirtschaft Schäfer, Uerdinger Straße 396, eine Bäckerei. Im gleichen Jahr wurde eine Konzessionierung genehmigt und angrenzend entstand die Gaststätte „Busch Matthes". Im Jahre 1870 baute man ein neues Haus. Der sogenannte „Blaue Montag" wurde mit Vorliebe bei Busch Matthes gefeiert, wo es umfangreiche Schinkenbrote für 15 Pfennige gab. Die Tochter Henriette heiratete 1883 Josef Buscher, einen Sproß der Familie Schäfer. Deren Tochter Anna, die im Jahre 1886 geboren wurde, heiratete im Jahre 1916 Wilhelm Schäfer. Nach seinem Tod 1949 führte sie die Wirtschaft weiter. Die nächste Generation stand mit ihrer Tochter Agnes und Schwiegersohn Willi Donners in den Startlöchern. Der 1902 erbaute Saal diente während des zweiten Weltkrieges als Gefangenlager und von 1945 bis 1949 hielt die Pfarrgemeinde Herz Jesu hier ihren Gottesdienst ab.
▼ **1974 -** Noch steht das „Restaurant Schäfer" an der Uerdinger Straße.

▲ **1909** - Der Sozialpolitiker Fritz Deichen sorgte sich Anfang des 19. Jahrhunderts um die Belastungen der Straßenbahnfahrer in Berlin und schrieb in seinen Erhebungen über den Stress, der auf den Fahrern lastete. Die Krefelder Straßenbahnfahrer waren davon natürlich auch betroffen: „Dem Wind und Wetter ist der Führer vollkommen preisgegeben. Selbst bei strömenden Gewitterregen darf er den Posten nicht verlassen. Trotzdem er oft bis auf die Haut durchnäßt ist, muss er, zitternd vor Kälte, bis in die tiefe Nacht seinen Dienst versehen. In dem letzten Winter, in dem wir mehrfach 14 bis 16 Grad Kälte hatten, bot der Anblick eines in Pelz, Handschuhe und Mütze eingehüllten Motorwagenführers, von dem äußerlich beinahe nur die blauen Schutzbrillen sichtbar waren, geradezu ein bemitleidenswertes Bild". ▼ **1900** - Das gesamte Streckennetz der Crefeld-Uerdinger-Lokalbahn" auf einem Fahrschein. Auf diesem Fahrschein (zwischen 1883 und 1900 ausgestellt) erkennt man sämtliche damals von Dampf- und Pferdebahn betriebenen Strecken. Einige der Namen waren nicht einfach zu ermitteln: Scheibler & Co (Mechanische Samtweberei, Hülser Straße 68), Baumschulen (Laurentius, Sternstraße 50/52), Schnitzer (Gastwirt, Hülser Straße 398), Neuburg (Malzfabrik, Kölner Straße 319) und Post (Friedrichstraße, spätere Markthalle).

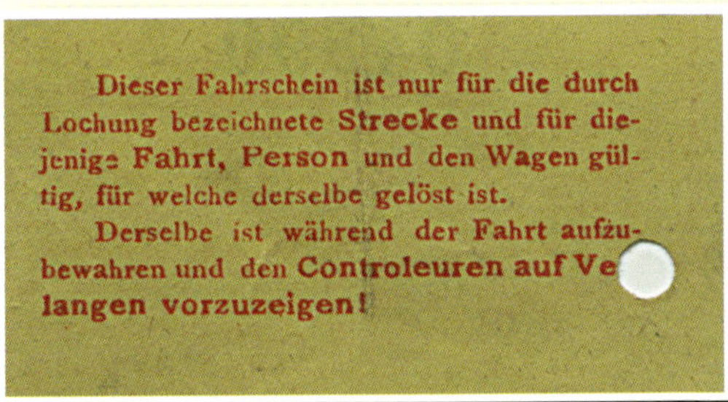

▲ 1910 - Die Wilhelmshofallee trägt ihren Straßennamen seit dem 4. März 1897, benannt nach dem Gut Wilhelmshof. Zwischenzeitlich, von 1905 bis 1936, hieß die längste Straße Krefelds ohne Ampeln, Wilhelmshofer Straße. ▼ 2013 - Bekannt geworden ist die Straße auch durch die beiden Museen: Haus Lange, Wilhelmshofallee 91 und Haus Esters, Wilhelmshofallee 97. Die beiden Villen entstanden 1928 bis 1930 nach Vorstellungen von Ludwig Mies van der Rohe. Auftraggeber waren die beiden Direktoren der Vereinigten Seidenwebereien, Hermann Lange und Josef Esters, die hier Wohnhäuser für ihre Familien errichten ließen. Haus Lange wurde ab 1955 als Museum genutzt und ging 1968 als Geschenk an die Stadt. Haus Esters erwarb die Stadt 1976 u. nutzte das Haus ab 1981 als Museum.

▲ **1904** - Die Ansichtskarte zeigt den an der gleichnamigen Allee gelegenen Wilhelmshof. Bereits 1873 kam der „Hof" mit seinen Wiesen und Feldern in den Besitz des Textilfabrikanten Wilhelm Jentges, der auf dem Grundstück ein schlichtes Landhaus errichtete. Später baute sein Sohn das Anwesen zu einem Landgut aus und nannte den Besitz zu Ehren seines Vaters „Wilhelmshof". Die rückwärtige Ansicht zeigt die Familie mit ihren Pferden und Kühen auf der Weide.

▼ **2013** - Nach dem zweiten Weltkrieg erwarb die Evangelische Gemeinde den Besitz. Heute steht hier das Seniorenheim Wilhelmshof, an der Wilhelmshofallee 110.

▲ **1973** - Schornsteine und das Firmenzeichen der Bayer-Werke bestimmen das horizontale Bild im Nordosten von Krefeld. Im Vordergrund ein erstes Bild vom Elfrather See (im Volksmund auch „E-See" genannt), der aus einer aufgelassenen Kiesgrube entstand. Im Laufe der Zeit füllte er sich mit Grund- und Regenwasser, die Voraussetzung für viel nassen Spaß.

▼ **1973** - Die Kiesgrube war als Materialversorgungsstelle eingerichtet worden, deren Kies für den Bau der Autobahn A57 in den 1970er Jahren verwendet wurde. Mittlerweile hatten sich die ersten Wassersportvereine um den See angesiedelt und es kam Leben in das große Freizeitgelände.

▲ **1973** - Der Segel-Club-Crefeld e. V. (SCCR), Bruchweg 32, wurde 1971 gegründet. Diente anfangs noch ein ausgemusteter Omnibus als Vereinsheim, wurde 1992 das neue Clubhaus eingeweiht. Heute hat der Club über 300 Mitglieder und verfügt über neun Liegeplätze für Laserjollen, 15 Liegeplätze für Optimisten, 24 Wasserliegepätze, 30 Liegeplätze für Surfbretter und 80 Landliegeplätze. Na dann ... auf die Plätze fertig los! ▼ **2001** - Gerne fährt das Enkelkind mit Opa und Oma zum Elfrather See um die neusten Schiffsmodelle auszuprobieren. Hoffentlich lässt mich Opa auch mal steuern - ein immer wiederkehrender Gedanke.

▲ **1968 -** Die Elfrather Mühle wurde um 1823 von dem Müller Benjamin Schmitz aus Vennikel erbaut. Sie gehörte zu den Feldmühlen und war mit drei Mahlgängen ausgestattet. Die länglichen Wirtschaftsgebäude kamen um 1850 dazu. Bis in die 1930er Jahre war sie in Betrieb. Die Mahleinrichtung ist bis heute erhalten geblieben, anders das Flügelwerk; es wurde 1968 und 1982 erneuert.

▲▼ **1970** - Mittlerweile sind die beiden Ansichtskarten, mit Motiven von Elfrath, über 40 Jahre alt.

▲ **1900 -** Mit Liebe und Kunstfertigkeit entstanden die alten Lithografien mit Motiven von Fischeln. Die Dampfkesselfabrik Robert Reichling & Co., der Bahnhof der elektrischen Kleinbahn und die Düsseldorfer Straße, unter anderem mit dem Restaurant Heinrich Müller, waren auf der Karte abgebildet. ▼ **1899 -** Farbige historische Ansichten waren auf der unteren Karte abgebildet: der Marienplatz, die Katholische Kirche, die Weberei der Geb. Wirtz, die Fischelner Windmühle und die Bierbrauerei Rhenania von Robert Wirichs.

▲ **1970** - Das Rathaus, die Markus Kirche, die Alte Mühle, das Neptun Schwimmbad und das Ehrenmal waren in den 1970er Jahren beliebte Motive um so einen Kartengruß in Szene zu setzen.

▼ **1960** - Eine Ansichtskarte mit verschiedenen Straßenansichten von Krefeld-Fischeln.

▲ **1919** - Das Dreifaltigkeitskloster in Königshof wurde 1891 in Betrieb genommen. Vom Mutterhaus der Augustinerinnen in Neuss wurden 1888 Gelände und Gebäude der Chemischen Fabrik Rubach erworben, um eine Heil- und Pflegeanstalt, das Dreifaltigkeitskloster, zu errichten. 1903 erfolgte der Anbau einer Kapelle.

▼ **1919** - Blick in den „Ruhigen Wachsaal" der Heil- und Pflegeanstalt Dreifaltigkeitskloster, Krefeld-Königshof.

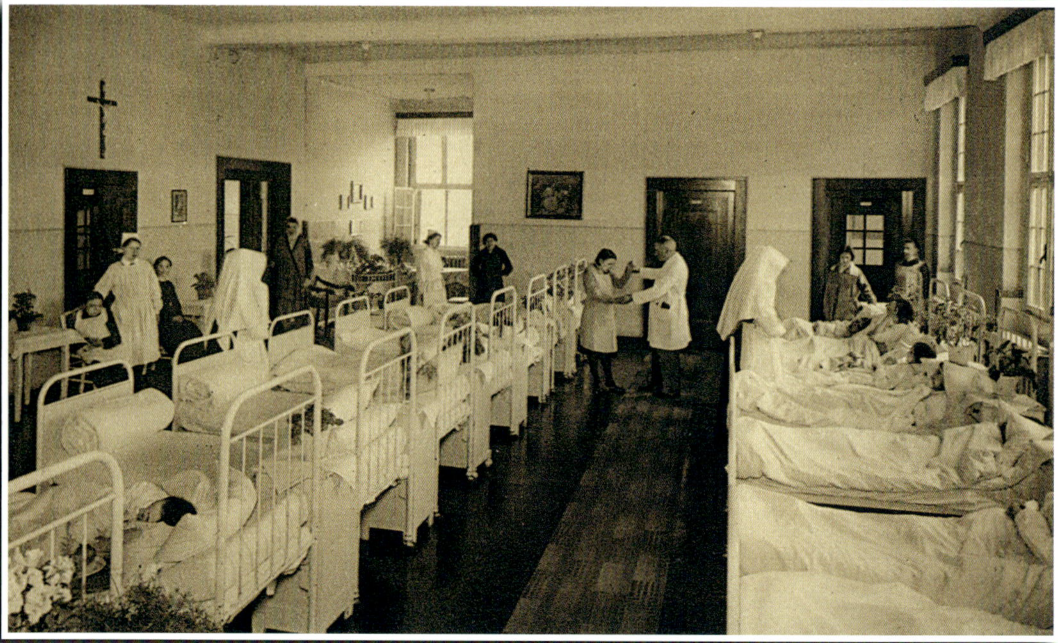

▲ **1916 -** Die Landwirtschaftliche Winterschule Königshof stand an der Kreuzung Kölner Straße/Vulkanstraße und wurde im Volksmund auch „Neuburg" genannt. Später befand sich hier die Krefelder Malzfabrik Hoesch-Vial GmbH Kölner Straße 319. ▼ **1980 -** Der Abriss des Firmenkomplexes erfolgte 1980. Die Sprengung des riesigen Silos dauerte über zwei Wochen und wurde als „Schiefer Turm" von Fischeln bekannt.

◄ **1915** - Einen herzlichen Empfang erlebte der Fotograf bei seinem Fotoshooting für diese Ansichtskarte. Vor der Restauration zum „Südpol" von Fritz Bergfeld, Kölner Straße 671, hatten sich eine Menge Leute eingefunden um mit auf das Bild zu kommen. Die Gastwirtschaft war Anlaufstelle für viele Ausflügler. Nebenan befand sich die Straßenbahn-Haltestelle (Fischeln Südschule) der Linie 3. Die Straßenbahn kam aus Hüls und hatte folgende Haltepunkte: Moritzplatz • Friedrichsplatz • Markthalle • Rheinstraße/Ostwall • Hauptbahnhof • Königshof • Fischeln Rathaus • Fischeln Clemensstraße • Fischeln Südschule.

▼ **1918** - Alt-Königshof lässt grüßen! Die alte Häuserzeile verschwand mit dem Ausbau der Kreuzung Obergath/Untergath.

▲ **1915 -** Blick auf die Restauration und Gartenwirtschaft von Hermann Daubenspeck, Krefeld-Königshof, Jakobstraße 138. Von 1857 bis 1930 existierte dieser Straßenname, die heutige Von-Ketteler-Straße heißt. Das Haltestellenschild „Königshof" gehört zur Elektischen Kleinbahn Düsseldorf-Krefeld (spätere K-Bahn).

▲ **1918** - Gastwirt Theodor Hoeren bewirtschaftete die Restauration „zur Erholung" in der Krefelder Straße 68. Im Straßenpflaster erkennt man die Straßenbahnschienen der Linie 3, kommend aus Hüls, in Richtung Fischeln. Zu der Gaststätte gehörte auch ein Veranstaltungsraum, der an der Straßenfront mit einem großen Schild: „Eingang zum Saal", auf die Räumlichkeiten hinwieß.
▼ **1918** - Ansicht der gemütlichen Gartenwirtschaft von Theodor Hoeren.

▲ **1900 -** Gruß aus Fischeln von der Brauerei und Restauration „Michael Neuhausen", Anrather Straße 17. Der Schornstein qualmte und die Produktion lief auf Hochtouren, denn reichlich Bier wurde unter anderem in dem großen Biergarten umgesetzt. Zusätzlich betrieb Bierbrauer Neuhausen in der Düsseldorfer Straße 10 (damalige Straßenbezeichnung) eine Flaschenbierhandlung.

▼ **1901 -** Die Restauration, Frucht- und Mehlhandlung von Josef Frangen lag an der Willicher Str. 4. Hier wird so mancher Lieferant und Kunde nach dem Geschäftsabschluss sein Glas Bier getrunken haben und die Ehefrau wartete zu Hause vergeblich mit dem Mittagessen.

▲ **1909** - Fischeln-Stahldorf auf alten Ansichtskarten! Zu dieser Zeit hieß die Straße Fichtenstraße, die von 1897 bis 1932 unter dieser Bezeichnung im Krefelder Straßenverzeichnis aufgeführt war. Zwischen Obergath und der Anrather Straße heißt der Abschnitt heute Oberschlesienstraße.

▼ **1909** - Der Fotograf stand bei dieser Aufnahme auf der Fichtenstraße (heutige Oberschlesienstraße), mit Blick in die Thyssenstraße, die seit dem 21. August 1906 so heißt. Mit gleichen Datum kam die Burgerstraße zu ihrem Namen, die am Horizont verläuft.

◄ 1925 - Eine sehr schöne Momentaufnahme von spielenden Kindern auf der Stahlwerkstraße. Namensgeber für die Straße ist das seit 1905 benachbarte Krefelder Stahlwerk.

▼ 1925 - Ansicht eines Hauses in der Stahlwerkstraße. Hier ging es sehr ruhig und idyllisch zu, so dass ein Pläuschchen unter Nachbarn auf der Straße möglich war. Eigentümer der Häuser 1 bis 23 war das Krefelder Stahlwerk. Hier wohnten Werksangehörige mit ihren Familien, die verschiedene Berufe ausübten: Werks- und Walzmeister, Vorarbeiter, Hammerschmied, Elektriker, Pförtner, Sattler, Schlosser, Drahtzieher Kraftwagen-Führer und Eisenhobler.

Kaffeehäuschen
"Forstwald"

▼ 1918 - Hier konnten Familien Kaffee kochen. An schönen Sommertagen zogen viele Hundert Krefelder zum Forstwald, zu Fuß, per Rad oder mit dem Sonderzug, den die Reichsbahn sonntags, auch mittwochs, vom Krefelder Bahnhof zum Bahnhof Forsthaus fahren ließ. Die Kinder trugen die Fahrkarte an einem Bindfaden um den Hals und freuten sich sehr auf Selterswasser mit Mürmeln. Mutter hatte alles mitgebracht: Kartoffelsalat, mehrere Töpfe mit steifem Reis, Obst, Brot und Wurst. Und in den Kaffeehäuschen gab es heißes Wassder, zehn Pfennig für die Kanne, so dass man selbst guten Kaffee oder auch Muckefuck brauen konnte. Ein Liegestuhl für den ganzen Tag kam auf 20 Pfennige.

▲▼ **1965** - Viele Grüße aus Krefeld-Gartenstadt!

► **2011** - Aus und vorbei. Der Lukas-Kirchturm in Gartenstadt, Breslauer Straße 2-4, wurde abgerissen. Der 24 m hohe Glockenturm hatte Bauschäden am Fundament und an der Stahlbetonkonstruktion. Das Presbyterium beschloss in einer Sondersitzung, den Turm abzureißen.

▲ **1910** - Wir sehen die Straßenfront der Restauration von „Reinhard Niebels" an der Geldernsche Straße, der wahrscheinlich selbst im Eingang seiner Gaststätte steht. Der Bierwerbung auf der Hauswand nach zu schließen trank der Hülser hier ein leckeres „Union Bier". Ab 1976 heißt die Straßenverbindung nach Geldern Klever Straße. Im übrigen war die Gaststätte auch Haltestelle der Krefelder Eisenbahn. Mit auf das Bild gerutscht ist ein Schaffner, der links zu sehen ist.

▼ **2012** - Immer wieder sonntags dampft „Graf Bismarck XV", besser als Schluff bekannt, durch Hüls in Richtung St. Tönis.

▲ **1899** - Gruß aus Orbroich bei Hüls. Gegen Ende des 19. Jahrhunderts war das Lokal noch eine gutbürgerliche Gaststätte mit Kaiserhalle, Garten, Stallungen und trug den Namen Restauration „Zum Jägerhaus". Um 1925 stand auf dem Wirtshausschild: „Zum Jägerhaus von Roth". 10 Jahre später saß man hier im Restaurant von „L. Korling" und trank das eine oder andere Rhenania- oder Tivoli-Bier. In der wärmeren Jahreszeit schlemmten die Gäste auf derStraßenterrasse und konnten den Autofahrern beim Tanken an einer Zapfsäule zusehen. ▼ **2012** - Seit 1989 führt Konditormeister Wolfgang Liebold das „Haus Orbroich", mittlerweile im Besitz der Familie und genießt über die Grenzen hinweg einen Ruf, die beste Grillage- und Reistorte herzustellen. Probieren lohnt sich!

▲ **1905** - Auf dem Buttermarkt („Bottermaat") fand im 19. Jahrhundert wöchentlich ein Gemüse- und Buttermarkt statt, auf dem auch die Butterpreise festgelegt wurden. Das klassizistische Gebäude in der Bildmitte wurde um 1850 als Gasthof „Zur Krone" erbaut, an dem noch heute eine Krone die Fassade ziert. In der Bildmitte sehen wir die Restauration von Johann Pins (Mörser Straße 29) sowie links das Restaurant von Gottfried Franzes (Mörser Straße 34). Seit 1937 heißt die Straße „Klever Straße". ▼ **1913** - Direkt an der Einmündung der Krefelder Straße in den Hülser Markt bot das „Rheinische Kaufhaus" seine Produkte an.

▲ **1911** - Närrische Militär-Kapelle der HülserJungesellen-Schützen-Bruderschaft.

▼ **1898** - Gruß aus Hüls mit dem Aussichtsturm und Motiven von Hülser Gaststätten. Der Gasthof „zum grünen Wald" von Peter Wahlen (Markt 7), das Restaurant von Jakob Reitz (Krefelder Straße 1) und die Speisewirtschaft Th. Beckers (Krefelder Straße) waren abgebildet.

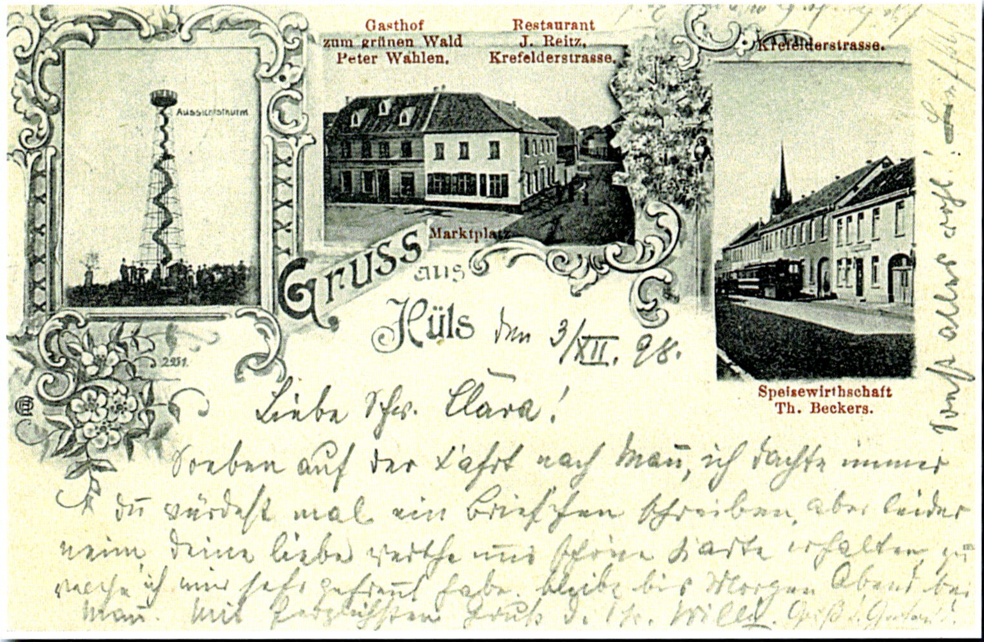

▲ **1905** - Die Restauration „zur Traube" von Wilhelm Horsten, Krefelder Straße 24, grüßt aus Hüls.

▼ **1940** - Die Gaststätte „Baumhof" wurde 1891 bis 1937 von Heinrich Lehnhof geführt, der 1937 verstarb. Die damalige Adresse lautete Sektion A 36 (Baumhof), heute Boomdyk 67. Danach übernahm Wilhelm Lewejohann die Gaststätte und machte sie zu einem bekannten Ausflugslokal.

▲ 1910 - Das alte Bürgermeisteramt befand sich an der Tönisberger Straße und wurde in den Jahren 1853/54 als Erweiterung für die Mädchenschule genutzt. ▼ 1920 - Auf dieser historischen Ansichtskarte sehen wir das alte Hülser Krankenhaus. Es befand sich im Cäcilienkonvent, einem Frauenkloster nach der Regel des Dritten Ordens des hl. Franziskus, das Anfang des 15. Jahrhunderts in Hüls eingerichtet wurde. In der Mitte des Bildes erkennt man den Chor der Konventskirche. Sie entstand 1460/61, musste aber nach einem Brand im Jahr 1703 neu aufgebaut werden. 1736/37 war der Neubau vollendet. 1802 wurde das Kloster aufgelöst und sein Besitz verstaatlicht. 1811 erwarb die Gemeinde das Gebäude und 1845 wurde ein Teil der Klostergebäude zum Cäcilienhospital ausgebaut.

▲ **1940** - Die Gaststätte Carl Gatzen „Zum Calli" an der früheren Moersischen Straße, heute Klever- Ecke Franz-Hartz-Straße. Der Hülser Fußball Club hatte hier sein Vereinslokal.

▼ **1925** - Innenaufnahme des Restaurants von Johannes Schattmann, Gelderner Straße 28 (heutige Klever Straße). Eine Kegelbahn, ein schöner Saal und ein Gesellschaftszimmer gehörten zur Gaststätte.

▲ **1914** - Das Genesungsheim „Haus Seebrecht" lag neben dem Café „Parkschlösschen".

▼ **1905** - Wie ein verwunschenes Schloss präsentiert sich die Schenkwirtschaft „zur Deutschen Eiche" am Hülserberg.

▲ 1931 - Fuchsjagd am Hülser Berg. Im morgentlichen Nebel haben sich mehrere Jäger zur Jagd getroffen. Ob sie die Füchse mit oder ohne Hunde jagen, geht aus der Aufnahme nicht hervor. In Deutschland ist jedenfalls die Parforcejagd seit 1934 verboten.

▼ 1931 - Die Herren haben sichtlich Spaß an der Fuchsjagd, insbesondere das Überlisten des als „schlau" geltenden Fuchses. Das Aufwärmen mit heißen Getränke vor oder nach der Fuchsjagd gehörte dazu.

▲ **1892** - Am 4. September 1892 fanden am Hülserberg die Bezirks-Wettkämpfe des „Crefelder-Turn-Vereins" statt.

▼ **1906** - Der große Saal der Bergschenke (Café-Restaurant-Biergarten) auf dem Hülserberg wurde im Stil der Zeit mit Wandmalereien ausgeschmückt. Für diese Jungendstilmalereien zeigte sich Jan Thorn-Prikker verantwortlich, der 1904 an der Handwerker- und Kunstgewerbeschule in Krefeld, das Fach Malerei lehrte.

▲ **1915** - Das Restaurant „Landhaus Wilhelmine" entstand um 1900 nach Plänen des Krefelder Architekten Wilhelm Floeren. Heinrich Persohn sen., ehemaliger Chef des Krefelder Hofs, erwarb 1918 das Landhaus am Talring. Seit dieser Zeit wird es unter dem Namen „Parkschlösschen" geführt. 1952 übernahm Heinrich Persohn jun. das Geschäft von seinem Vater und betreibt es mit seinem Bruder Helmut. 1983 verkaufte Heinrich Persohn das Landhaus an Küchenmeister und Konditor Noel Duponcheel, der bis 1995 sein Können am Talring unter Beweis stellte. Im gleichen Jahr vermietete er an seinen Neffen Peter und dessen Ehefrau Petra Duponchel. ▼ **2012** - Seit 2006 hat Eigentümer Noel Duponcheel den Restaurant- und Cafébetrieb wieder übernommen und überzeugt die vielen Ausflugsgäste mit leckeren Speisen und selbstgemachten Kuchen und Torten.

▲ **1968** - Die Westdeutsche Zeitung schrieb zu der Gaststätte am Talring: „Die Talschenke war 1918 durch Eberhard Fehmers als einstöckiges Flachhaus von den Geschwistern Punessen übernommen worden. Fehmers baute das Haus zehn Jahre später um, stockte auf und erweiterte es um den Wintergarten". Bis 1965 führte die Familie das Ausflugslokal. Weitere Pächter waren: Helmut und Maria Donath, Hannelore und Heinz Krämer-Hinsen sowie Ellen Nobel.
▼ **2010** - Mittlerweile ist das Ausflugslokal „Talschenke" am Fuße des Hülser Bergs seit vielen Jahren geschlossen.

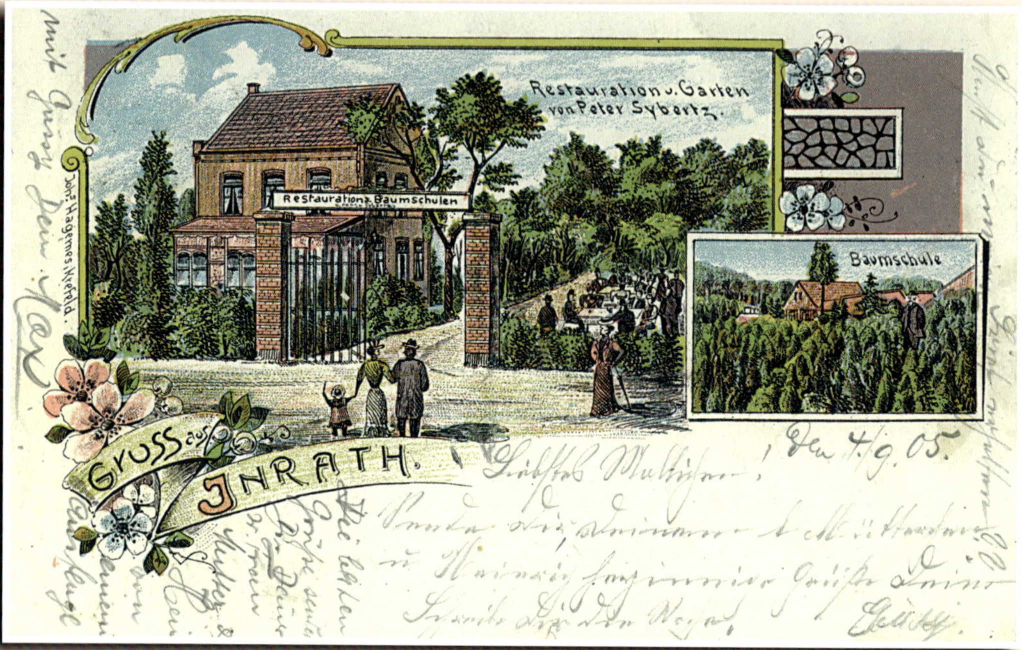

▲ **1905** - Die Westdeutsche Zeitung schrieb zu dieser Gaststätte: „Schon früh dampfte die Milch in den Kesseln, die er im Tau beim anliegenden Bauern Maaßen kuhwarm besorgte, um seinen Gästen den nötigen Treibstoff, köstlich belegte Bauernschnitten mit dem weißen Gold aus dem Glas, für den Gang durch seine ausgedehnten Kulturen zu servieren. Und dann dampften waggonweise die Produkte seiner Baum- und Strauchpflanzungen in alle Richtungen, verladen bei Körber, der Krefelder Kessel fabrik und unter Schellengelaut zog der brave Schimmel immer wieder die grüne Last hinüber zur Verladestelle. Die Silberglöcklein am Schellenriemen symbolisierten den guten Klang, den Restaurant und Kulturenbetrieb dem Besitzer eingebracht hatten. Nur muss um diese Zeit mit der Pferdebahn, dem öffentlichen Verkehrsmittel, das die Krefelder zu den Ausflugsorten brachte, etwas faul gewesen sein. Denn bei einem Bierchen zu vorgerückter Stunde hörte man die Sangesfreudigen folgermaßen verkünden: „Man fährt gemütlich mit der Pferdebahn, das eine Pferd zieht nicht, das andere ist lahm, der Kutscher ist besoffen, die Achse ist krumm, und alle fünf Minuten fällt ein Wagen um". In den 1940er Jahren hieß das Restaurant von Josef Mellen „Baumschule", mit einer Kegelbahn und Gartenwirtschaft. ▼ **2013** - Heute wird griechisch gekocht im Restaurant Odysseus, Hülser Straße 799.

Inrather Männer-Gesang-Verein Crefeld.

Leitung: J. Krall. Gegründet 1869.

Sonntag, den 31. Oktober 1909, abends 7 Uhr
in den Sälen der Witwe Peter Tenhagen

KONZERT

unter freundlicher Mitwirkung des Männer-Gesang-Vereins „Concordia", St. Tönis und des Xylophon-Virtuosen Herrn G. Nöthen.

Vortrags-Ordnung:

I. TEIL.

1. Rheingauer Gruss. Möhring.
Inrather M.-G.-V.
2. Soldaten-Nachruf Wengert.
M.-G.-V. „Concordia" St. Tönis.
3. a) Ein Wörtchen nur M. Neumann
b) An einem Bächlein, Bühren
Inrather M.-G.-V.
4. Valse Espagnole, Walzer Metra
5. a) Abendgruss. Möskes.
b) Hymne an die Nacht, Beethoven
M.-G.-V. „Concordia" St. Tönis.
6. a) Lützow's wilde Jagd, Weber
b) Was hab ich denn meinem Feinsliebchen getan, Seidel
Inrather M.-G.-V.

II. TEIL.

7. Die Helden von Wesel, Heuser
(Zum 100jähr. Gedenktag der Erschiessung der 11 Schill schen Offiziere zu Wesel am 16. September 1809.
M.-G.-V. „Concordia" St. Tönis.
8. Radbod Heuser
(Erinnerung an die Grubenkatastrophe auf Zeche Radbod.)
Inrather M.-G.-V.
9. Der Specht. Mazurka Teicke
10. a) Waldeinsamkeit Packe
b) Eins und eins Burger
M.-G.-V. „Concordia" St. Tönis.
11. a) Innsbruck ich muss dich lassen Jüngst
b) Trinklehre Abt
Inrather M.-G.-V.

Nach dem Konzert

Geschlossener Fest-Ball.

DER VORSTAND.

Es wird höfl. gebeten während des Konzertes das Rauchen zu unterlassen.

Peter Steger in Krefeld.

▲ 1909 - Der Inrather Männer-Gesang-Verein lud zu einem Konzert, unter freundlicher Mitwirkung des Männer-Gesang-Vereins „Concordia, St. Tönis und des Xylophon-Virtuosen Herrn G. Nöthen, in den Sälen der Witwe Peter Tenhagen, Hülser Str. 398, ein. Heute finden wir an gleicher Stelle das Brauhaus „Niederrheinischer Hof".

▲ **2013** - Das Raphaelsheim, Hülser Straße 471, Hausmeisterehepaar Schroers, Telefonische Sprechzeiten: Mo. und Do. von 18.00 bis 19.00 Uhr, Besichtigungen und Termine nur nach telefonischer Vereinbarung.

▲ **1928** - Ein stetig wachsendes Vereinsleben am Inrath und Gründung verschiedener Vereine um 1920 wie die Katholische Arbeiterbewegung, der Jungfrauenverein, der Jungmänner- und Müttervereine sowie die Sportgruppe „DJK Alverna Inrath" weckte den Wunsch nach einem kirchlichen Vereinsheim in der Bevölkerung. Ein Gemeindehaus musste her und so bildete sich unter der Leitung des Pfarrrektors Pater Raphael ein Jugendschutzverein. Jahrelang führten Messdiener und Schüler der Katholischen Volksschule Nr. 13 Hausammlungen durch und bereits 1926 konnte das neue Vereinsheim „St. Raphaelsheim" seiner Bestimmung übergeben werden, benannt nach dem ersten Pfarrrektor von St. Elisabeth, Pater Raphael. Ein Jahr später eröffnete die 1900 gegründete „Bewahrschule" (Kindergarten) ebenfalls im Gemeindehaus. Zuvor war sie in der Inrather Gaststätte „Neuhausen" untergebracht.

▲ **1955** - Eine Luftaufnahme von dem Kapuzinerkloster an der Hülser Straße 574.

▼ **1914** - Das Kloster hatte der Stadt Krefeld einen Teil der Klosterräume als Ersatzlazarett angeboten und so war das Militär-Genesungsheim während des ersten Weltkrieges im Kapuzinerkloster untergebracht.

◄ **1910** - Die historische Ansichtskarte zeigt ein Bäckerei-Auslieferungsfahrzeug der Bäckerei von Johann Kenis, Inrather Straße 449. Wurden mit einer Pferdestärke damals noch Brot und Brötchen ausgeliefert, liefen in der Backstube für die Fertigung schon lange Maschinen. Gute Geschäfte machte zu dieser Zeit die Firma „Hengler & Cronemeyer", Oppumer Stra-ße 63, eine Spezialfabrik für Bäckerei- und Konditoreimaschinen, Geräte und Formen. Über 200 Bäcker und Backwarenhändler verkauften im Stadtgebiet und den Stadtteilen ihre Backwaren.

► **2013** - Die Lottoannahmestelle von Manfred Fischer, der auch Backwaren und Zeitschriften verkauft, existiert seit 2007.

▲ 1907 - Im Krefelder Adressbuch von 1896 finden wir Heinrich Sparla als Ackerer und Gemüsegärtner, Inrather Straße 473. Das „Photographische Atelier P. & H. Koch", Rheinstraße 32, erstellte diese Momentaufnahme: Familie Sparla füttert allerlei Tiere auf ihrem Grundstück.

▼ 2013 - Gegenwärtig hat der Wohnungsbau die Inrather Straße vereinnahmt.

▲ **1897** - Gruß aus Linn bei Crefeld von der Restauration „Giskes", Rheinbabenstraße 2a.

▼ **1901** - Die Bäckerei und Gastwirtschaft „Wilhelm Vins", Rheinbabenstraße 130, grüßt aus Linn.

▲ **1904** - Gruß aus Crefeld-Linn von der Restauration und Bäckerei „ Jakob Horster", Margaretenstraße 22.

▼ - Ein gastronomisches Zeitdokument. Prost C(K)refeld!

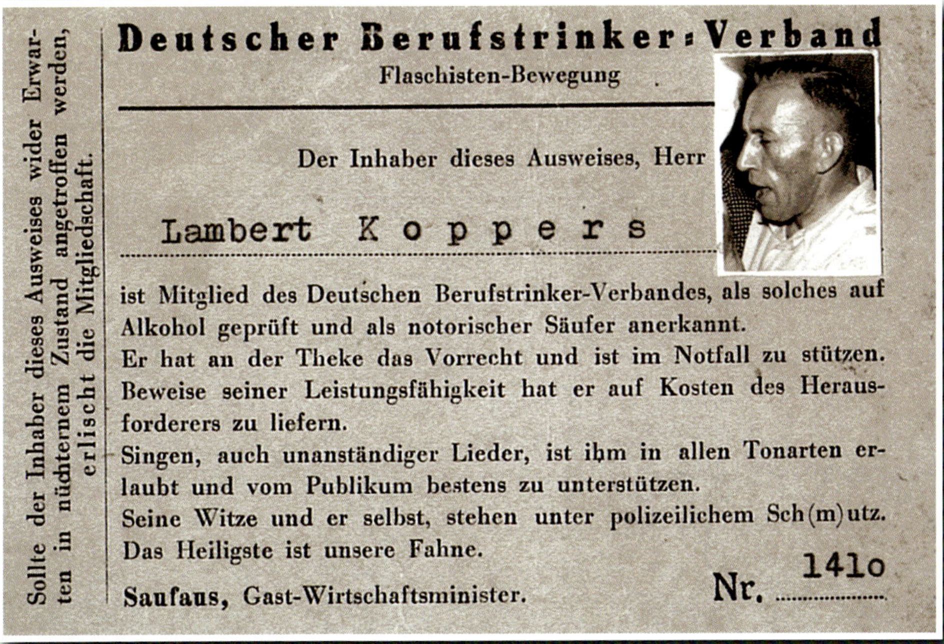

Sollte der Inhaber dieses Ausweises wider Erwarten in nüchternem Zustand angetroffen werden, erlischt die Mitgliedschaft.

Deutscher Berufstrinker-Verband

Flaschisten-Bewegung

Der Inhaber dieses Ausweises, Herr

Lambert Koppers

ist Mitglied des Deutschen Berufstrinker-Verbandes, als solches auf Alkohol geprüft und als notorischer Säufer anerkannt.

Er hat an der Theke das Vorrecht und ist im Notfall zu stützen.

Beweise seiner Leistungsfähigkeit hat er auf Kosten des Herausforderers zu liefern.

Singen, auch unanständiger Lieder, ist ihm in allen Tonarten erlaubt und vom Publikum bestens zu unterstützen.

Seine Witze und er selbst, stehen unter polizeilichem Sch(m)utz.

Das Heiligste ist unsere Fahne.

Saufaus, Gast-Wirtschaftsminister. Nr. 141o

▲ **1978** - Nach einer anstrengenden Turmbesteigung konnte man eine wunderschöne Aussicht genießen. Damals wie heute, war und ist die Linner Burg ein beliebtes Ausflugsziel, besonders auch für Ausstellungen und Konzerte.

▼ **1978** - Vorsicht Wassergraben! Die Spiegelungen im Wasser waren das geeeignete Motiv für den Fotoapparat, heute für das Handy.

▲ 2010 - Frühlingsimpressionen an der Linner Burg.

▲ **Nach 1901** - Die Restauration von „Wilhelm Vins" mit Gartenhalle befand sich in der Rheinbabenstraße 130. Die angefertigte Ansichtskarte sollte an das „hl. Kreuzfest zu Crefeld-Linn" erinnern.

▼ - Blick auf die Gaststätte „Em Kontörke" in der Margaretenstraße 40. Von 1953 bis 2012 führte das Inhaber-Ehepaar Balk die Gaststätte mit einer gutbürgerlichen Küche. Im August 2012 übernahm ihr Sohn Hermann Josef Balk die Lokalität.

Vaterländische Weihnachtsfeier

am Samstag, den 19. Dezember 1914,
in der **Hafenschenke „Rheingold“**
zu **Krefeld-Linn** am deutschen Rhein.

Abfahrt Straßenbahn Ecke Ostwall-Dreikönigenstr 6 Uhr 25 Min. Ankunft Rheinhafen 6 Uhr 52 Min. Gemeinschaftliches Abendessen 7 Uhr 15 Min. (Fleischbrühe und heiße Pastetchen — Kalbsrücken und Gemüsekranz — Käse, Aepfel und Nüsse — zu 2 Mk.) Vaterländische Weihnachtsrede aus berufenem Munde, gefolgt von Weihnachts- und Vaterlands-Liedern, gesungen teils von Kunstsängern, teils von den Natursängern des Wanderbundes. Würzwein aus dem Krüglein der Witwe von Sarepta. Rückfahrt 10 Uhr 59 Min. Rheinhafen — 11 Uhr 27 Min. Ostwall — 11 Uhr 33 Min. Frankenring. Alle Mitglieder werden freundlichst zur Teilnahme an der Feier aufgefordert und gebeten, sich **baldigst, spätestens** Donnerstag, den 17. Dezember, in die im Verein aufliegende Liste einzutragen. **Freunde der Wandergenossen sind willkommen.**

Die Basschaft.

◄ 1914 - Der Krefelder Wanderbund lud zu einer „Vaterländischen Weihnachtsfeier“, am Samstag, den 19. Dezember 1914, in der Hafenschenke „Rheingold“ zu Krefeld-Linn ein.

▼ 1925 - Gastwirt Michael Link steht im Eingangsbereich seines gleichnamigen Gasthofes, Römer Str. 52 (heutige Düsseldorfer Straße).

▲ **1928** - Cornelius de Greiff ließ das Jagdschloss Greiffenhorst in den Jahren 1838 bis 1843 erbauen und nutzte es als Jagdhaus und Sommersitz. 1924 erwarb die Stadt Krefeld den Besitz und gab ihn 1926 als Grünanlage frei. 1929 wurde das Haus durch den Architekten Prof. Caspar Lennartz zum Café umgebaut und einige Jahre als Café und Restaurant genutzt. Die achteckige Terrasse bot einen schönen Blick über den Weiher und auf die Baumgruppen der Parkanlage. ▼ - Was gibt es Schöneres als mit dem Enkelkind durch die historische Altstadt von Linn zu spazieren.

▲ 1910 - Gruß vom „IDAWERK m. b. H.", Fabrik für feuerfeste Produkte, Bruchfeld 4. Geschäftsführer dieses großen Unternehmens war Albert Wollheim.

▼ 1961 - Die Luftbildaufnahme über Linn wurde von der Firma Aero-Foto A. Schwarzer aus Mönchengladbach gemacht.

▲ **1931** - Stadtgraben und Festungswall mit Blick auf den Versuchsgarten des Gartenbauvereins (Gartenhaus) und Issumer Turm.

▼ **1929** - Innenaufnahme vom Gartenhaus des Linner Gartenbauvereins.

▲ **1936 -** Die alte Linner Synagoge in der Rheinbabenstraße 92 wurde 1865 erbaut und in der Reichskristallnacht am 10. November 1938 zerstört.

▲ **1910** - Karl Kleinkuhnen war Inhaber des Restaurants „Zum Glockenspitz". Für Gäste die einen zuviel gezwitschert hatten: Die Haltestelle der Straßenbahn Krefeld- Rheinhafen befand sich in unmittelbarer Nähe und so konnten sie bequem die Heimreise antreten.

▼ **2013** - Noch hängt die Außenwerbung „Ristorante Pizzeria La' Guna", doch das Lokal ist längst geschlossen.

▲ **1955** - Im Jahre 1832 wird das Lokal „Zur Viol" erstmals urkundlich erwähnt. Die Bauern trafen sich hier regelmäßig zu Versammlungen. Es gab den sogenannten „Schweinekrieg" (von 1832-1837), bei dem es um Streitigkeiten wegen der Schweinemast ging. Im Laufe der Jahre duchlief die Gaststätte eine wechselvolle Geschichte. Von 1843 bis 1910 hatte das Haus acht verschiedene Inhaber, ging 1937 in den Besitz der Familie Lambert und wurde als Ausflugslokal betrieben. 1938 kam eine Kegelbahn dazu. Während des zweiten Weltkrieges wurden Zimmer an Reisende vermietet. 1966 übernehmen Hans und Karin Kleinmanns das Lokal. Die gutbürgerliche Küche war in aller Munde. ▼ **2013** - Heute lächelt der griechische Meeresgott „Poseidon" auf der Außenwerbung.

▲ 1982 - Architekt Dipl.-Ing. Dieter Berten hatte den Auftrag erhalten die Geschäftstelle der Sparkasse Krefeld-Oppum umzubauen.

▼ 1985 - Die bauliche Veränderung kann sich sehen lassen und passt sich der Ortsumgebung an.

▶ **1910** - Die damalige Schenkwirtschaft „Zum Anker" mit Bäckerei von Josef Münker wurde 1898 erbaut. Die Bäckerei befand sich auf dem Hof. 1906 erweiterte man mit einem Saal für 600 Personen, der größte damals in Oppum. Anfang der 1920er Jahre war Familie Wilhelm Münker Besitzer der Gaststätte und in den 1935er Jahren Eheleute Ambaum.

▲ Kurze Zeit später baute Johannes Amberg hinter dem Hof auf der heutigen Heckschenstraße einen Schießstand für Pistolen und Kleinkaliber. Zu Beginn des zweiten Weltkrieges war eine Kompanie der Flak-Schützen in der Gaststätte untergebracht, die im Schießstand schliefen. 1944 fiel der Schießstand und Saal, Bombenangriffen zum Opfer. Nach dem Tode von Johannes Amberg führte Witwe Anna und Tochter Anneborg die Gaststätte weiter. Ab 1950 wurde das Lokal an die Eheleute Hans Ley verpachtet, danach an die Eheleute Michael Bloser. Von 1956 bis 1964 waren die Eheleute Johannes Hoven Pächter und von da an hieß die Gaststätte „Oppumer Hof". 1964 pachteten die Eheleute Heribert und Ilse Zillikens den „Oppumer Hof" und führten diesen 22 Jahre lang erfolgreich. Ihnen folgte Schwiegertochter Britta. ▼ **1980** - Zu dieser Zeit hatte der singende Wirt Heribert Zillikens eine zweite Gaststätte auf der Luisenstraße 146: „Zur Alt-Stadt".

▲ **1903** - Gruß aus Oppum bei Crefeld. Dem heute nicht mehr existierenden Ansichtskarten-Verlag von Heinrich Feldmann in Krefeld haben wir diese alte Ansicht zu verdanken: „Gruss aus Oppum bei Crefeld" zeigt die Restauration und Gartenwirtschaft von Johann Kreutzer, Bruch 70. Fünf Jahre später erfolgte eine Umbenennung. Aus der Straßenbezeichnung Bruch 70 wurde Herbertzstraße 60, in Erinnerung an die Bezeichnung „Herbertz Gut".

▼ **2013** - Von der ehemaligen Gartenwirtschaft ist heute nichts mehr in der Herbertzstraße zu sehen.

▲ **1915** - Ansicht des Restaurants von „Josef Klausmann", Kuhleshütte 168 in Oppum. Der Fotograf hatte den entscheidenden Moment abgepasst, als die Straßenbahn die Kurve nimmt. Die Linie 6 hatte folgende Haltestellen: Frankenring/Marktstraße • Marktstraße/Hubertusstraße • Westwall/Dreikönigenstraße • Ostwall-Dreikönigenstraße • Bahnstraße/Oppumer Straße • Oppum Schule • Linn Kirche • Rheinhafen/ Gaststätte Rheingold. ▼ **2013** - Fast 100 Jahre später geht es an der Ecke immer noch kulinarisch zu. Von 1998 bis 2012 war die Pizzeria „Rizzo" in der Maybachstraße 173 zu finden, danach zogen sie zur Kuhleshütte 168 um.

▲ 1897 - Gaststätten und der Bahnhof waren im letzten Jahrhundert immer wieder beliebte Motive für Ansichtskarten, so auch auf der Ansichtskarte „Gruß aus Oppum". Die Oppumer Eisenbahnwerkstätten ergänzten die Ansichten.

▼ 1909 - Zu dieser Zeit hatte Hubert Klausmann, Bauunternehmer und Wirt, sein Restaurant in der Maybachstraße 177. Seit dem 29. Mai 1908 wird die Straße nach dem ehemaligen Präsidenten der Königlichen Eisenbahndirektion „Albert von Maybach" benannt.

▲ 1916 - Über den Dächern von Oppum richtet sich der Blick in die Maybachstraße. Der Fotograf wird sehr wahrscheinlich hoch oben im alten Bahnhofsgebäude gestanden haben um so eine Ausssicht zu bekommen.

▼ 2013 - Die Ladenlokale sind schon geräumt und stehen leer. In Kürze sollen die Gebäude an der Ecke Werkstätten- und Maybachstraße abgerissen werden, um Platz für Neues zu schaffen.

▲ **1972** - Konditormeister Franz Hellenbroich eröffnete 1954 auf dem gepachteten Bundesbahn-Gelände Maybachstraße 174 ein Eiscafé mit Konditorei. Das Café war ein kleines Häuschen. Zwei Jahre später folgte ein Anbau mit Backstube. 1969 veräußerte die Bundesbahn das gepachtete Gelände und so kam es, dass Familie Hellenbroich auf der Maybachstraße 153 einen Neubau startete. 1970 wurde das neue Café mit Konditorei bereits eröffnet. 1980 musste aus gesundheitlichen Gründen ein Nachfolger gesucht werden und wurde gefunden. Konditormeister Helmut Eschig und dessen Ehefrau Karin übernahmen das Geschäft und führten dieses bis 2000 fort. ▼ **2013** - Ab 2000 folgten Konditormeister Bernd Leven und dessen Ehefrau Daniela der Café-Tradition in der Maybachstraße.

▲ **1912** - Die Turmwindmühle hat einen hohen Bekanntheitsgrad, dank ihrer Lage an der Autobahn A57. Das Baujahr ist nicht bekannt, doch die Zusammensetzung der Backsteine und ein Vergleich mit ähnlichen Bauten lässt ihre Entstehung um 1430 vermuten. Eine erste urkundliche Erwähnung gibt es aus dem Jahre 1575.

▼ **1970** - Die Ansichtskarte zeigt drei Ansichten aus dem Krefelder Stadtteil „Oppum": die Hauptstraße, der Botanische Garten und die Geismühle.

▶ 1910 - Alte Bilder haben über 100 Jahre später schon mal einen Knick, sind aber wertvolle Zeitdokumente. Schmiedemeister Wilhelm Wittmann hatte hier sein Wohnhaus und Schmiede, Traar 227 (alte Straßenbezeichnung Hausnummerierung).

◀ 1930 - Der Fotograf stand mitten auf der Wiese um das Wohnhaus und die Schmiede von Wilhelm Wittmann zu fotografieren. Mittlerweile hatte sich ein Generationswechsel vollzogen und sein Sohn Josef übernahm den Betrieb. Eine Schlosserei, Landmaschinen-Reparaturen und eine Elektro-Schweißerei ergänzten das handwerkliche Angebot.

▶ 1950 - Ab 1930 heißt die Straße „Am Egelsberg" und die Schmiede hatte demzufolge die Anschrift Am Egelsberg 22. Bereits um 1546 wurde die Bezeichnung Egelsberg urkundlich erwähnt.

▲ **1994** - In den Jahren 1968 bis 2006 hatte Kfz-Meister Ernst Bongartz, Am Egelsberg 22-26, seine Renault Vertretung und Werkstatt. Gegen Ende 2006 wurde mit dem Abriss begonnen und im Frühjahr 2007 startete das Neubauvorhaben.

▼ **2013** - Heute stehen auf dem gesamten Grundstück fünf Einfamilienhäuser.

▲ **1942 -** Der Winter ist da und der Buscher Holzweg ist eingeschneit. Sondereinsatz der Nachbarschaft: Straße freimachen! Links befindet sich heute der Sportplatz und im Hintergrund ist das Haus der Familie Schäfer zu sehen. Bis 1929 (Eingemeindung Traar nach Krefeld) hieß diese Straße Buschstraße, doch wegen des Durcheinanderwerfens mit der Bockumer Buschstraße mußte der Straßenname in Traar aufgegeben werden. In Anlehnung an den Buscherhof kam es zu der neuen Bezeichnung.

▼ **1965 -** Im Jahre 1949 zerstörte ein Bombenangriff die ehemalige Gaststätte „Burmann". 1952 wurde die Gaststätte Burmann (Rotze-Chries) in der Klieth, Nieper Straße, nach Weideraufbau eröffnet. Hier fanden die monatlichen Versammlungen der Bürgergesellschaft „Klieth" statt.

▼ **1905** - Der Müller Heinrich Hauses auf dem Weg zur Egelsberger Mühle, Traar 216 (alte Straßenbezeichnung Hausnummerierung). Ab 1930 heißt die Straße Am Egelsberg, mit der Hausnummer 46 für die Mühle. Um 1925 führten die Geschwister Hauses den Mühlenbetrieb weiter.

▲ **1923** - Die Bäckerei Heinrich Müller, Kemmerhofstraße 186, bot zur damaligen Zeit gute Back- und Kolonialwaren an. Bäckermeister Heinrich Müller stand hinter der Theke.

► 1915 - Unteroffizier Otto Hütten verschickte die Momentaufnahme aus der Militär-Fliegerschule Crefeld-Traar.

▲ **1978** - Schützenfest in Traar! Die Aufnahme zeigt die Königsparade auf der Moerser Landstraße. Damaliger König war Hartmut Schymitzek, mit seinen Ministern Hartmut Wallrath, Willi Bauer, Ernst Beyers und Peter Versteegen. Rechts im Bild einige Musiker des „Bergwerksorchester der Rheinischen Braunkohle A. G.". Im Hintergrund links, zwischen den beiden Fahnen, ist das „IFA" Lebensmittelgeschäft von Wilma Toups, Moerser Landstraße 400, zu sehen.

▼ **1965** - Gruß aus Traar. Zu den beliebten Kartenmotiven zur damaligen Zeit zählte das Rathaus, die Mühle am Egelsberg, ein Mini-Golfplatz und das Waisenhaus. Die Minigolf-Anlage gehörte zu Bäkkerei und Café Ewalds und wurde von 1957 bis 1970 von der Familie betrieben.

▲ **1968** - Die Gemeindesparkasse Traar wurde am 25. Januar 1910 eröffnet und hatte ihren Sitz im Traarer Rathaus. Im Zuge der Eingemeindung von Traar 1927 nach Krefeld wurde sie am 1. August 1929 zur Zweigstelle der Städtischen Sparkasse Krefeld. Am 4. Januar 1968 wurde der Neubau auf der Moerser Landstraße bezogen. Im rechten Sparkassengebäude führten die Apotheker Manfred und Ursula Wagner von 1968-1976 die Egelsberg-Apotheke, ehe sie 1976 den Apotheken-Neubau auf der gegenüberliegenden Seite bezogen. 1978 wurde der Sparkassen-Neubau erweitert.
▼ **2013** - Aktuelle Ansicht der Sparkasse Krefeld, Geschäftsstelle Traar, Moerser Landstraße 413.

▲ **1925** - Sibilla Lausberg gründete 1837 die bekannte Schenkwirtschaft im damals noch sehr einsamen Gelände des Hülserbruchs und Nieper Wegs (ab 1930 Nieper Straße). Daraus wurde Lusbergs Bell sowie im Laufe der Jahrzehnte Lus Bell und so heißt die Gaststätte auch heute noch. 1866 starb Sibilla Lausberg, berühmt damals für ihre Schinkenstullen mit selbstgebackenem Brot. Das Lokal verfügte über eine eigene Hausbäckerei. Nach ihrem Tod übernahm Tochter Maria die Gaststätte und heiratete den Bauern Ferdinand Hannen. 1903 übernahm Sohn Peter Hannen und seine Frau Therese die Wirtschaft und widmeten sich ganz dem Ausbau der Gaststätte. Das Haus war auch kommunalpolitisch interessant, denn ursprünglich gehörte es als letztes Gebäude zu Kempen, und nach alten Überlieferungen soll die Grenze einst mitten durch die Backstube gegangen sein. Von 1940 bis 1972 war Hans Hannen Inhaber des Lokals und verkaufte „Lus Bell" dann an das Ehepaar Kurt und Edith Tendick aus Neukirchen-Vluyn. ▼ **2013** - Seit September 2011 heißt die neue Inhaberin Barbara Holzki.

▲ **1960** - Als Bäckerei und Gaststätte wurde der Betrieb 1888 erbaut und von Bäckermeister Peter Brücker gekauft. Am Anfang dominierte jedoch noch die Bäckerei, und die bekannten „Nieper Brote" wurden mit Pferd und Wagen nach Krefeld gezogen. Später wurde das Lokal vergrößert. Käthe Brücker, gelernte Köchin, heiratete 1914 ein und war von da für die Küche zuständig. Gastwirt und Bäcker Peter Brücker starb 1944 und Käthe Brücker zog sich dann nach und nach aus der Geschäftsleitung zurück, die 1960 an die Nachfolger Willi und Martha Brücker ging.

▼ **2012** - Im Jahre 2005 hat der Koch Peter Hribar dieses Traditionshaus übernommen.

◀ **1925** - Die Buchhandlung von H. J. Kayser (Inhaber Heinrich Helten), Oberstraße 14, wurde 1831 gegründet. Ein zweites Geschäft befand sich in der Schulstraße 10. Hier kaufte der Uerdinger Papier- und Schreibwaren sowie Galanterie- und Lederwaren.

▼ **1930** - Inhaber Karl Hißen verkaufte in seiner „Stadtschenke", Oberstraße 10, Stern Pils und Essener Actien-Bier. Gutbürgerliche Küche und eine gemütliche Einrichtung erfreute die Uerdinger Gäste.

▲ 1921 - Der Damen- und Herren-Frisier-Salon „Gerhard Willemsen", Markt 14", wurde 1890 gegründet. Haarzöpfe, Ersatzteile, Parfümerieartikel, Seifen und sämtliche Toilettenartikel bereicherten das Sortiment.

▼ 1930 - Blick in die Augustastraße. Diese zu Beginn des 20. Jahrhunderts angelegte und gutbürgerlich bebaute Straße verdankte ihren Namen der Kaiserin Augusta, geb. Prinzessin von Sachsen-Weimar (1811-1890), der Gattin Kaiser Wilhelms I.

▲ **1919** - Der Bahnhof in Uerdingen wurde 1849 etwas außerhalb der Stadt an der Strecke der Ruhrort-Krefeld-Kreis Gladbacher Eisenbahngesellschaft erbaut, der ersten Bahnlinie am linken Niederrhein. Diese Strecke verlief von Homberg über Trompet, Uerdingen, Krefeld und Anrath zunächst bis Viersen und wurde 1851 bis Gladbach verlängert.

▼ **1925** - In der Duisburger Straße hatte die Witwe „Joseph Heitmann" ihr Restaurant und bewirtete die Gäste zur vollsten Zufriedenheit.

▲ **1904** - Grüße aus Uerdingen verschickte Heinrich Reppermund aus seiner Restauration „zum Schützenhaus", Moerser Straße 70. Hier wurde Dortmunder Union und Rheingoldbräu getrunken sowie das Gesellschaftszimmer in vielen Anzeigen beworben.

◄ **1935** - Die Uerdinger Burg wurde urkundlich erstmalig 1357 erwähnt. 1804 wurde sie durch den Kolonialwarenhändler und Destillateur Hermann von Broich erworben. Durch die Heirat seiner Tochter Maria Anna mit Karl Theodor Erlenwein kam die Burg in den Besitz der Familie Erlenwein. Die ehemalige Burg wurde 1838/39 zu einem Wohnhaus umgebaut.

▲ **1941 -** In dem Eckgebäude, Oberstraße 2, führte Josef Genenger sein Restaurant. Hier befand sich auch die Haltestelle der Krefelder- und Düsseldorfer Straßenbahn und viele Gäste nutzen die Möglichkeit hier einzukehren.

▲ **1914** - Ansicht der stadtwärts gelegenen Front des Restaurants „Rheinlust", das Ende der 1880er Jahre von Heinrich Iwen direkt am Rhein gegründet und später von Joseph Herding, dann von Ludwig Ernst betrieben wurde. Das Haus lag ein wenig eingezwängt zwischen dem Bahndamm der Hafenbahn (im Vordergrund) und dem Verladungskai am Rheinufer. ▼ **1905** - Das ehemalige Restaurant „Kellner am Rhein" an der Dammstraße 8, ist besser bekannt unter dem Namen „Rheinschlößchen". Am 31. Dezember 1899 eröffnete der Krefelder Gastronom Hugo Schwers das Restaurant in umgebauten Räumen unter dem neuen Namen „Rheinschlößchen", das seither ein Begriff in Uerdingen ist.

▲ **1909** - Am 29. Juli 1902 wurde das Stadtbad, in der Kurfürstenstraße 18, feierlich eröffnet. Neben der Schwimmhalle befanden sich die Wannen- und Brausebäder.

▼ **1925** - Anzeige.

▲ **1908** - Die Ansicht zeigt die Verberger Straße, heutige Traarer Straße. Um 1870 stand nach Katasterunterlagen an der heutigen Traarer Straße noch kein Haus. 1887 wurde an der Ecke zur Lange Straße die Gaststätte „Wilhelmshöhe" errichtet (im Bild ganz links). Etwa um die selbe Zeit entstanden erste Häuser in der Verberger Straße. ▼ **1916** - Die historische Ansichtskarte zeigt das Restaurant „Wilhelmshöhe" in der Verberger Str. 56-58. Besitzer Wilhelm Müller konnte einiges in seinem Lokal anbieten: Dortmunder Union Export Bier, Weine erster Häuser und Speisen nach der Karte. Eine hübsche Garten-Anlage und ein großer luftiger Saal gehörte dazu.

Impressum:
© 2013 Verlag „Zeitreisen", Andreas Storz, Hochstraße 20-22, 47506 Neukirchen-Vluyn
altessuchen@web.de

Viele Krefeld-Freunde stellten Bildmaterial für dieses Buch zur Verfügung:

Familie Angerhausen
Werner Baaken
Helmuth und Beate Bayen
Paul Bayen †
Karl und Ursel Benger
Dieter Berten †
Familie Bongartz
Bürgerinitiative „Rund um St. Josef"
Familie Dohren
Heribert Dröge
Dr. Klaus Fette
Bernd Giesbertz †
Frau Hellenbroich
Günther Hendriks
Familie Kampendonk
Elmar und Anita Kaths
Archiv KTSV Preussen 1855 Krefeld
Dipl. Ing. Franz Lischka
Familie Müller
Familie Rüter
Manfred Schmid
Kunibert Schmitz
Familie Steinbach
Familie Verbücheln

Bildnachweis neue Fotos:
Helmuth Bayen und Andreas Storz

Schlusswort:
Wir möchten uns bei allen Personen bedanken, die uns Dokumente, Fotos und andere Schrifstücke aus ihren privaten Archiven für diesen vorliegenden Bildband zur Verfügung gestellt haben.
Das Bildmaterial steht in diesem Buch im Vordergrund. Die begleitenden Texte und Erläuterungen sollen lediglich zum besseren Verständnis dienen und erheben daher keinen Anspruch, die geschichtliche Entwickung K(C)refelds vollständig wiederzugeben. Der Verlag übernimmt für eventuelle Fehler keine Haftung. Korrekturhinweise nehmen wir gerne entgegen.

Andreas Storz & Helmuth Bayen